点亮心灯

班主任工作拾零

苏俊锋 主编

江西高校出版社
JIANGXI UNIVERSITIES AND COLLEGES PRESS

图书在版编目（CIP）数据

点亮心灯：班主任工作拾零/苏俊锋主编. -- 南昌：江西高校出版社，2021.8

ISBN 978-7-5762-0258-8

Ⅰ.①点… Ⅱ.①苏… Ⅲ.①中学－班主任工作－文集 Ⅳ.①G635.16-53

中国版本图书馆CIP数据核字（2020）第169484号

出版发行	江西高校出版社
社　　址	江西省南昌市洪都北大道96号
总编室电话	（0791）88504319
销售电话	（0791）88517295
网　　址	www.juacp.com
印　　刷	北京虎彩文化传播有限公司
经　　销	全国新华书店
开　　本	700 mm×1000 mm　1/16
印　　张	13.25
字　　数	239千字
版　　次	2022年6月第1版
印　　次	2022年6月第1次印刷
书　　号	ISBN 978-7-5762-0258-8
定　　价	45.00元

赣版权登字-07-2020-914

版权所有　翻印必究

图书若有印装问题，请随时向本社印制部（0791-88513257）退换

编委会

主　编：苏俊锋

编　委：伍定斌　韩林孝　屈　睿　杨胜兴　张兆雄
　　　　温发莲　祁乐珍　彭鑫嘉　阎　丽　庞　蓉
　　　　卢　燕　雷秋慧　马成源　胡　明　董方莹
　　　　冉秀萍　白春彩　李　静　戴素伟　朱亚辉

目录
CONTENTS

1 第一篇 教育故事

我会成为一棵怎样的树 \ 2

师爱无痕，花开无声 \ 5

春风化雨润爱生　倾情诚心塑精魂 \ 7

逆转的百米接力赛 \ 9

三条短信 \ 13

刚好遇见你——我与《新教育》结缘记 \ 17

信任的力量——观《嗝嗝老师》有感 \ 21

绽放在路上 \ 23

那一刻，我是受教者 \ 26

一个"特别"的学生，一份不特别的爱 \ 29

青春期的懵懂很美丽 \ 31

他想成为Number One \ 34

信　仰 \ 36

扭　曲 \ 40

由一本"书"忆起的成长故事 \ 44

"小蜗牛"，慢慢走 \ 46

散落的珍珠——中途接班琐记 \ 52

第二篇 教育心得

遇见更好的自己 \ 58

孩子，这就是老师眼中的你——学生操行评语写作 \ 62

用爱塑造孩子的天空 \ 65

脚踏实地勤耕耘　志存高远育桃李——做一位有追求、有梦想的教师 \ 71

中学生信息素质培养应遵循的几个原则 \ 76

如何组织有效的班级及年级活动 \ 79

素笺传真情　共写促成长——谈谈师生共写在教育实践中的作用 \ 82

愿我们彼此能温柔相待 \ 86

一句迟来的抱歉 \ 89

小小讲坛，百花齐放——记西北师范大学第二附属中学精彩纷呈的讲坛活动 \ 93

走进英国的中学教育 \ 97

问道和谐互助，打造高效课堂 \ 100

我们该如何为学困生"解困"？\ 105

温暖的旅程 \ 112

第三篇 班会案例

"垃圾分类，从我做起"主题班会 \ 116

"树立正确的苦乐观"主题班会 \ 122

"青春Style"主题班会 \ 126

"我的读书计划"主题班会 \ 133

"远离早恋,拒绝早恋"主题班会 \ 138

"青少年法制教育"主题班会——法与我们息息相关 \ 142

"情绪控制"主题班会 \ 147

"静能生慧,宁静致远"主题班会 \ 151

"迎战中考,感恩母校——我们的二附岁月"主题班会 \ 155

"相信自己,我可以更优秀"主题班会 \ 159

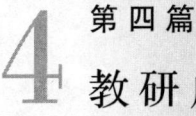

第四篇
4 教研成果

试论新媒体业态下英语主题班会的创新 \ 166

浅析初中语文在德育中的重要作用 \ 169

城乡交界处幼儿园家、园共育存在的问题及促进家、园共育的
　　有效策略 \ 172

浅谈英语教学中的创新教育 \ 177

初中语文课本中"家教、家风、家训"内容的提升研究 \ 183

参考文献 \ 201

第一篇

教育故事

我会成为一棵怎样的树

西北师范大学第二附属中学　戴素伟

成长是什么？成长就是你发现这个世界的美好其实就在于有缺陷。面对缺陷你没有伤心离开，而是正视它，并对其报以敬畏和宽容，这就是真正的成长。

——题记

十四岁，揭衣初涉水的年纪，春林初盛，幽谷有清脆的鸟语。世界是身畔活泼的溪流，于远地发源，又热情地奔向远方。琴声响起，年轻的肢体随着节拍跳跃，双脚落下的地方，不声不响地开出一圈鲜花。

初二新学期，学生开始出现两极分化的趋热，语文课堂上经常出现两种截然不同的状况：一部分学生认真投入，时而凝思苦想，时而神采飞扬，面上含笑，眼里有光；然而也有一小部分学生上课无所事事，心思游离课堂之外，甚至有扰乱课堂纪律的情况。

我找他们谈话，几个男孩高出我半个头，表情轻松地站在我对面。没等我开始"语重心长"，其中的一个已经笑嘻嘻地开口了："老师，我对自己的学习成绩也没什么指望了，你还是把功夫多花在'好学生'身上吧！"

说话的孩子长着一张白白净净的脸，机灵的眼神里透出一点坦诚、一点达观、一点漫不经心。我知道一些基础不太好的学生，偶尔会被忽视、被遗忘。然而，主动让老师忽略自己的存在，这样的"好意"，却让我实在难以接受。

十几岁的孩子，本该人人有追求，个个有渴望；正该踌躇满志，"指点江山，激扬文字"。而面前的他们却因为别人的忽视，因为自觉前途渺茫、升学无望，便不自觉地丢失了自己。这是教育的悲哀还是个体的悲哀？无论如何，要改变他们！不能让他们这样下去。可是，该如何唤醒他们内心深处的动力和自信呢？我陷入了深思……

周一，班会课，六十双眼睛满含期待地望着我。我知道，时机到了。

"今天的班会课，我给大家讲几个故事，好不好？""好！"他们异口同声地说。那几个孩子习以为常地趴在了桌上。

"先讲一个《会捕鼠的鱼》的故事。这是一种生活在我国南部沿海地区的鲇鱼。按理说，鱼离不开水；而老鼠，生活在陆地上，机警又狡猾。鱼捉到老鼠是不可想象的事情。那么，鱼是怎么捕到老鼠的呢？"

我卖了一下关子，停了停，几个趴着的学生慢慢直起了腰。

"夜间，鲇鱼游到浅滩，一动不动地靠在岸边，散发出腥味引诱老鼠前来。鲇鱼可以执着地等待数天甚至一个月，直到老鼠过来。老鼠们自然不会轻举妄动，而是先用爪去拨拉几下，然后上前狠咬一口立刻逃掉观察情况。鲇鱼能忍住疼痛不动声色。就这样，老鼠以为它们是死鱼，就张口咬住鱼尾巴使劲将其往岸上拖。就此，鲇鱼和老鼠之间展开一场气力和耐力的较量，最终老鼠会被拖入水中，成为鲇鱼的美餐。"

我讲得绘声绘色，学生们听得全神贯注，我趁机设问："鲇鱼捕老鼠关键是靠什么？"

学生们各抒己见，那几个孩子也热烈地讨论起来，我特意请他们几个谈了谈自己的想法。在我赞许的目光中，他们思路清晰、表达流畅。最后全班学生归纳了两点：一是它有耐心等；二是它能忍受被咬的痛。

"大家看，这个世界很公平，有付出才有收获。而且，这个世界也没有奇迹，所谓奇迹的背后大都隐藏着鲜为人知的艰难和苦痛。"我趁热打铁。

那几个孩子稍稍低下了头，似乎在蹙眉思索。

接着，我又给他们讲了刘燕敏的《一棵核桃树》的故事。

作者家的后园有一株不易分辨类别的树，十年里，大家曾以李子、山楂、樱桃等为它命名。十年后，它终以一树小小的核桃证明了自己的身份。

故事很简单，我扫视了教室内那些朝气蓬勃的脸庞，几个原来趴在桌上的孩子已经坐正了身子。"同学们，假如你是一棵树，你用什么来证明自己的身份和价值呢？假如父母的爱是阳光，老师的教导是雨露，无论你粗壮还是瘦弱，请挺起你自信的枝干告诉我，你将把怎样的果实呈现给世界。希望你们思考好，写一段话告诉我。"

几秒钟的沉寂之后，教室里响起了一片沙沙声。

练习本交上来后，我发现写得最动情的，竟是那个让我不再管他的孩子。他说："……您的话让我如梦初醒……我知道有些事情过去就过去了，我很遗憾，但是请您相信，我会在接下来的日子里尽力而为。"

放下本子，我凝视着窗外的天幕，丝绒般的幕布上繁星点点，可我分明看到，在夜的深处，一棵棵新苗正在奋力地拔节、生长。

没有过迷茫，没有过奋斗，没有过欣喜若狂，没有过心灰意冷，怎么能算青春？

仰望灿烂的星空，走好脚下的旅程。

师爱无痕，花开无声

白银市育才学校　白春彩

泰戈尔曾说："不是锤的敲打，而是水的载歌载舞，才使粗糙的石头变成了美丽的鹅卵石。"我认为，学生是一个个有着丰富个性、独特精神世界和内在感受的完整个体。教师应该乐观、善意地看待和评价学生的天性和行为，并对每一个学生的发展前景充满信心，而这其中最重要的就是爱和鼓励。

"爱就是教育。"做班主任前，我就深深知道，要做好学生工作，就要贴近学生的生活，走进他们的内心。班主任工作很累，事情很多、很令人操心，有的时候也会令人心烦。但是，当你走上讲台，看到那一双双纯净的眼睛，当你看到学生在你的教育下有了很大的改变，当你被学生围绕着、快乐地谈笑，当学生把你当成最好的朋友，那快乐是无可比拟的。

初三的学习生活忙碌而紧张。有一天刚刚跑完早操，班上的小敏就拽着小丽走进了我的办公室。小敏怒气冲冲地说："老师，她偷拿了小玲的复习资料，还改成了自己的名字。"这可是棘手的问题，处理不好后果会很严重。我让小敏先回教室上课，然后心平气和地向小丽了解了事情的详细情况。原来小丽很爱看小说，她把从家长那儿要来买资料的钱都买了小说了，所以就偷偷把同学的资料拿来并改成了自己的名字。我给她讲了道理，分析了她的错误，通知她的家长到学校来处理问题。等待的过程中，意外发生了，小丽飞身从办公室冲了出去，然后又从学校大门跑了出去。

我通知了家长，可是孩子中午没有回家，下午也没来上学，晚上还没有找到。学校和家长只好去派出所报了警。在整个寻找孩子的过程中，家长都很通情达理，十分信任我。晚上10点多，孩子自己回了家。家长给我打了电话，我让家长和孩子好好沟通一下，了解一下孩子的心理状态。

第二天家长给我打电话说和孩子谈过了，孩子也认识到了自己的错误，想来学校上学。可是我知道，这件事在班级的影响才刚刚开始，这时让孩子来上学，如果同学们有不当言论，可能会影响到孩子未来的发展。我和家长谈了我的想法，分析了孩子之所以会从学校跑出去，还是因为羞于面对同学。刚好过两天就是元旦，于是我让孩子在家待到放完假再来上学，免去了她面对同学的尴尬。当然，她擅自离校并旷课，是一个很严重的错误。我让家长带着孩子来办公室，和她进行了恳切的长谈，对她在中考关键时刻沉迷于小说的后果进行了深刻的分析。但是为了不给孩子更大的压力，我语重心长地对她说，人生的路途很长，犯错在所难免，只要能改正，就是一个勇于担当、对自己负责的人，"老师相信你能够走好人生的路"。

在她不在班里的这两天，我在班级专门就这件事召开了一次班会。首先我就小敏处理问题的方式进行了分析，就这件事造成的后果进行分析，教导学生们以后处理问题要冷静，不能太激烈。然后我对丢书的同学进行了赔偿处理。之后我对学生们说，小丽现在也认识到了自己的错误，同学相处三年的情谊值得大家珍惜，希望大家能给她一次改过的机会，在小丽来上学的时候不再提这件事。学生们也都欣然同意了。元旦过后，学生们都如常来上学，就像什么事都没发生过一样，我的心算是放了下来。自此之后，小丽的学习态度也有了可喜的变化，她不再上课看小说了，开始认真学习，并在6月顺利考入高中。

班主任工作是很有挑战性的工作。每一个学生都是一个世界，要想成为每一个学生的朋友，要想得到每一个学生的信任，需要付出很多的心血，并且要用心去交流，用欣赏的眼光去寻找学生身上的每一处闪光点。我相信，只要关爱学生、尊重学生、宽容学生，就能找到开启学生心灵的钥匙。师爱无痕，花开无声，我相信用爱的汗水，终会浇灌出最美的花朵。

春风化雨润爱生　倾情诚心塑精魂

兰州市第四十九中学　韩林孝

自从1990年8月踏上讲台，到现在已近30年了，期间有近20年担任班主任工作——这是我人生最美好的岁月——送走了一批又一批学生，付出的是汗水和心血，收获的是快乐和幸福。

苏霍姆林斯基说过，不了解学生，不了解他们的思想、兴趣、爱好、倾向，就谈不上教育。每个孩子，都是一本值得好好研读的书，但开启每一本书都有一个核心的思想，作为班主任，就要做一个有心人，在平时的工作中注意并抓住打开学生心灵之门的细节，而抓住每一个细节的金钥匙就是爱。正如一位教育家所说，把简单的事情做好就是不简单，把平凡的事情做好就是不平凡。要以爱育爱，以爱育心，以爱塑魂。

记得那是2012年的第一学期，我担任初一（2）班的班主任。开学没几天，我就注意到有个孩子上课时老爱窃窃私语、随意插嘴、搞小动作，并且爱用怪异思维向老师当堂提问，表现欲极强，桀骜不驯，像只骄傲的孔雀。平时当全班同学都在安静地学习时，他就喜欢碰碰这个、推推那个。同学们都不愿意坐在他周围，任课教师也总反映他的情况，可以说他没有一天是让老师省心的。刚开始与他谈心，他完全不把我放在眼里，但我还是耐着性子一次又一次地找他，一次不行就两次，两次不行就三次……在与他的交谈中，我设法让他明白：老师看重的不是过去而是他的现在，以及今后的表现，并要他记住三句话：

一、老师是朋友——有什么想法和烦恼可以向老师诉说，老师将尽自己最大的努力来帮助他。

二、老师是"父母"——会像他的父母那样关注他的成长。

三、老师就是老师——决不会对他的学习和思想放松，会在各方面严格要求他，把他培养成全面发展的优秀学生。

如此反复、耐心地与他交流，到后来他自己都觉得难为情了。通过多次谈心，以及与他家人沟通后，我发现，他本质上并不坏，但家庭条件差，父母都是来兰州打工的。母亲的溺爱娇惯、父亲的苛刻要求，导致他有了强烈的逆反心理，他变得特别敏感，也特别脆弱，属于心理有点障碍的"问题学生"。而这样的学生更需要老师的宽容、关爱和正确的引导。我决定：把脉暖其心，消除其病根。

有一次他病了，冷汗直冒，我立刻带他去医院检查，买了药给他吃，又电话通知了他的父母。从那以后，我发现他变了，变得上课专心听讲，变得做事认真，变得对班级事务充满热情……后来，他担任了班上的生活委员，脏活、累活抢着干。所有这一切，我看在眼里，喜在心头。我深深体会到：教育需要耐心，教育需要等待。教育是一棵树拂动另一棵树，一朵云推动另一朵云，一个灵魂唤醒另一个灵魂的智慧之爱。有句话说得好："只要用心去浇灌，铁树也能开花。"教师只有打开学生心灵的窗户，才能赢得学生的信任与尊敬，才能建立良好的师生关系。正如古人所说，亲其师才能信其道，信其道才能爱其术。而我要说"爱其人"才能"炼其心"，"炼其心"才能"塑其魂"。

为了了解新生，为了更快、更好地融入他们，我常利用课间、午休时间尽可能多地和学生在一起，和他们做做游戏、打打球；坐下来和他们谈谈心，问他们在学习上遇到的困难、作业完成的情况；等等。放学后还和他们一起打扫卫生，一起回家。教师所做的一些看上去很细微的小事，如一个眼神，上课时不经意的一次提问，中午偶尔的一次交谈，蹲下来的一声问候，感冒时的几粒药片，一个轻轻的抚摸，一句友好的玩笑话，等等，都可能会改变一个孩子，影响他一生的学习、工作和生活，这就是教师的爱的力量。遇到一些不理解我们工作的家长，我会及时沟通，耐心细致地做好身边的每件事。尽管这些事在常人眼里是那样的微不足道，那样的渺小，但只有这样做我才会觉得无愧于自己，无愧于这帮可爱又有点"可恨"的小天真们，无愧于这份美好的事业。

有一种爱，需要无私的奉献，那就是教师对学生的爱；有一种爱，需要真诚付出不求回报，那就是教师对学生的爱。爱自己的孩子是一个人的本能，爱他人的孩子才是崇高和伟大的。我坚信：爱的力量，能春风化雨；爱的力量，能消融冰雪；爱的力量，能创造世间的奇迹。

逆转的百米接力赛

西北师范大学第二附属中学　苏俊锋

喧闹的操场，人声鼎沸，西北师范大学第二附属中学一年一度的运动会正在如火如荼地进行。

"嘭"的一声，发令枪响了，初一年级组4×100米接力赛跑第一棒的6个女孩子像离弦的箭般冲了出去。阳光下，她们奔跑的身影如此耀眼。远远观战的我不自觉地攥紧了拳头，目光紧紧地盯着第六赛道——我们初一（6）班的孩子们就在那里！

观战的学生在跑道两旁围成了厚厚的人墙。接力棒传到第三棒时，场上比赛已经进入白热化阶段。场上运动员们争先恐后，你追我赶；场外的孩子们热情高涨，此起彼伏的加油声震耳欲聋！

糟了，最外圈第六道第三棒领先的阳阳被围观加油助威的学生挡了一下。"啊……"观众们也跟着惊呼。极速奔跑的她猝不及防，一个趔趄。

好悬，她晃了一下最终还是稳住了身子，伸出长长的胳膊把接力棒传给了不远处翘首以待的最后一棒——嘉益。

早就摆好姿势、蓄势待发的嘉益，一接过棒就甩开"飞毛腿"，向着终点冲去！人高腿长、频率又快的她是班里的短跑女一号，刚刚缩短的差距被她拉开了。冲过最后一个完美的弧线弯道，飞奔上直道的她把优势发挥得淋漓尽致。我心情愉悦地看着她在人墙簇拥的跑道上，远远地甩开第二名，第一个冲过了终点的红线。欢呼声再次响起，初一（6）班第一！孩子们和我簇拥成一团，高兴地叫着，欢呼着，喜悦之情无以言表。

"现在开始播报初一女子组4×100米接力成绩。"喇叭里传来大赛广播组的声音，我示意孩子们安静下来，聆听第一名的好消息。

"第一名初一（2）班，成绩……；第二名初一（3）班，成绩……；第六名初一（6）班……"咦，我们咋是最后一名呢？

"不对啊，苏老师，他们搞错了吧？！"孩子们吵作一团，尤其是刚从赛场上下来的四个女孩，刚刚因为胜利而兴奋的小脸儿这会儿面色紧张。是啊，那么多双眼睛看着，明明是我们第一个冲过终点，咋就成了最后一名？

"孩子们，不急不急，我们的第一大家有目共睹，你们在场地安静等待，参赛队员和我一起去找裁判组问问看。"

顾中超老师是田径赛组裁判长，我带着四个女孩围住他，颇有点兴师问罪的架势。"顾老师，刚才的4×100米接力赛我们班优势明显，领先第二名四五米呢，怎么反而成了第六名，是不是搞错了？"

"是啊，我第一个到终点的，同学们都看见了！"嘉益急急地补充道。

"我也看见了，你跑得可真快！"顾老师笑着对嘉益说，"但是，比赛之前，裁判们给参赛队员们特意强调了，6个班6条赛道，各跑各道，自始至终不能抢道！你在最后一个弯道犯规了，所以被取消了成绩。"

气氛突然凝固，我们都傻眼了。

"什么？我犯规了？"嘉益的眼泪汹涌而出。

"是，每个弯道都设置了专门的裁判，你在弯道时抢了5班的第五赛道，上直道时才又回到了自己的第六赛道！"本以为是裁判组搞错了，没承想竟是嘉益犯规！

"苏老师，我不知道啊，弯道上那么多人，都挤到跑道上了，我只是顺着跑……"嘉益哭得稀里哗啦，其他三个小姑娘也跟着哭作一团。

我心里也有点不忍。第一变成了倒数第一，那么明显的领先优势居然要屈居最后一名，这真心不能忍啊！

是不是弯道被围观的学生挤占了，才致使嘉益不得不跑上第五跑道的？也许责任不完全在于我们？我是不是该强调跑道被占的客观因素，和裁判争个高低，要回第一？

一时间，我脑中的正反方激烈地对决，不亚于赛场的激烈！

"苏老师，您说怎么办啊？"孩子们眼巴巴地看着我。

是啊，我是老师，怎么能跟着冲动，第一固然重要，但赛场的规则是铁的事实，作为老师，自己言传身教的规则意识呢？为了争第一，我怎么也偏了方向？

"顾老师，您确认是我们班的孩子抢道犯规了？"我得确认清楚事实。

"没错,弯道裁判赛后专门找我汇报了!"顾老师很确定。

"孩子们不哭,错了,就要认错,更要有勇气承担犯错的后果。嘉益抢道是事实,错,的确在我们。但是这个错误是可以纠正的。我们的实力有目共睹,搞清赛场规则,明年的冠军肯定是我们的!走吧,回班里。"

回到班里,我给所有孩子们讲述了事情的经过,让大家冷静下来,放学回家认真思考从第一到倒数第一的大反转。也可以和家长们讨论一下,吃了这一堑应该长哪些智。

第二天,大家的情绪没有在运动场上那么激动了,初一(6)班"没规矩,无方圆"的主题班会召开了。

首先站起来的是嘉益,"我给队友们道歉!给同学们道歉!错在我,我跑弯道时因为太紧张、太想赢,忘记看线,结果抢道了,导致好不容易得来的第一被取消,是我的错,让大家失望了,对不起!"说着,她又忍不住红了眼眶。

"不能全怪你,嘉益!赛前我们只关注了如何跑得更快,如何交接棒,却没有更多地关注赛场规则,我们都有责任。"其他三个女孩也站了起来。

"是啊,遵守秩序,遵守规则,不仅仅是口头上的,还得落实到行动中,不然就会像这次一样,到手的第一也会被清零!"看着孩子们明白了不守规矩不成方圆、欲速则不达的道理,我很是欣慰。"其实,不仅是在赛场,生活中也处处要有规则意识。大家想想看,还有哪些地方我们必须把规则意识放在首位呢?"

班长少镕第一个举手了:"比如说,在大马路上,我们必须遵守交通规则,车辆行人各行其道,才能保证所有人的安全。"

"在学校里,我们要遵守校规;在社会上,我们要遵守法规。只有人人遵守规则,生活才会有秩序,否则就会乱成一锅粥。"孩子们七嘴八舌开始各抒己见。

"那这么多的规矩,这么多的条条框框,是不是局限了我们的生活,让我们的生活不方便了呢?"我适时抛出了问题。

"表面上看,是规矩局限了我们,但事实是规矩保证了更多人的自由!"宇青的观点很有深度,我给了她及时的肯定,希望她多谈谈这看似矛盾、实则深刻的道理。

"昨晚回家,我和妈妈说起了咱们班4×100米接力赛的事,妈妈告诉我:

矩不正，不可为方；规不圆，不可为圆。一个人因对规则的漠视，往往会付出高昂的代价。"

"是的，我爸爸也说：学校制定的各种纪律和行为规范就像校园里的红绿灯，时刻提醒我们要注意自己的言行。校规就是为了保证我们在有序的环境中快乐地学习、健康地成长而存在的。"

"你们的爸爸妈妈都说得非常对！我很高兴他们能加入咱们的讨论，让大家从更多的层面认识到规矩的重要性。联系最近的社会新闻，无论是八达岭老虎伤人事件还是八旬老太为了祈福向飞机发动机扔硬币致航班延误事件，归根结底都是人们漠视规则导致的。社会上总有些人觉得遵守规则就是吃亏，视规则为儿戏，等到了生死关头的时候，才打心底生出对规则的敬畏感。总结一下这次从第一到倒数第一的大反转，如果大家能从此加强规则意识，我倒觉得这个意外的收获意义更非凡！"

班会在我的总结中告一段落，但作为班主任，对孩子们规则意识的培养仍然在路上……口头的讨论和结论还落实在了笔头上。班会过后，初一（6）班同学们以"规矩"为主题做了一期学习园地，内容涉及班规、校规、交规、法规，因为是有感而发，这期学习园地的内容相当充实。

逆转的百米接力赛就这样告一段落了，作为一名教育者，我颇为感慨，身为教师，处理班上的突发事件时，要和学生共情，但一定不能冲动，不能被个人或班级得失带偏方向。教育的过程还是要整合各方面的力量，学校的教育如果再有家长助力，效果将是1+1>2。书本得来的道理终觉浅，要让孩子们"吃一堑长一智"，教师的引导一定要到位，一定要全面。作为教师，我们总是担心意外的发生，但突发事件往往是教育的最佳契机，抓住这个契机，往往能达到事半功倍的效果。

三条短信

西北师范大学第二附属中学　苏俊锋

套用列夫·托尔斯泰的那句名言，当班主任的幸福是相似的，但"不幸福"的班主任却各有各的故事。今天，我就和大家分享一段我经历的并不那么幸福的事儿。

几年前的一个周末，清晨，我从暖暖的被窝中爬起，习惯性地抓起床头的手机，屏幕上显示三条未读短信。我睡眼惺忪地按下阅读键，扫了两眼，竟睡意全无，还不由自主地打了个寒战。

三条短信，同一个号码，内容如下：

"苏老师，我是一位学生家长……"然后密密麻麻通篇都是拷问和指责：

"这次期中考试，你的班平均分倒数第一，你尽职了吗？……"

"孩子们打个篮球就被罚站楼道，这是变相穿小鞋！……"

"在管理班级方面你很无能，方式很恶毒……"

隔着屏幕，我都能感觉到对方情绪的激动和对我的强烈不满，Ta痛斥我对待学生简单粗暴，是苛刻的"男人婆"，总结陈词"兵熊熊一个，将熊熊一窝"！

二附中从来都是平行分班。但还真是奇怪，这个（4）班从一建班就暴露出诸多的问题：73人的超大班额；学情分布头小尾巴大；首次年级测试，班上的第1名居然排到了年级第14名，后10名倒是占了3位。我教的英语学科，满分为150分，居然还有考个位数的！平行的5个班排名下来，我们班均分妥妥的倒数第一。学习成绩不理想也就罢了，爱闹腾的学生倒有一大拨，几乎每周都能出点状况，我这班主任就像消防员，时刻绷紧了弦在"灭火"。

好歹也是教龄10多年的老班主任，个性好强的我岂能容忍自己的班是这个样子？心急如焚，我不得不"狠一点"。办法简单——严！行动有力——罚！

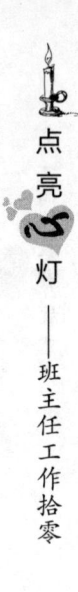

随着一系列强硬的班规出台，学生们见到我，就像老鼠见到猫一样。自习课吵闹，放学后全班留下来，浪费的时间要双倍补回来；忙着打球中午不睡午觉的学生下午上课昏昏欲睡，我索性禁止所有学生碰篮球；谁在课堂上有不规矩的小动作，我的眼神都能"杀"了Ta……严厉的班规和高压的管理起了一定的作用，班级的状况在一步步好转。升入初二，（4）班乱七八糟的状况少了，虽说还是最后一名，但差距在慢慢缩小。

和学生们这场旷日持久的"拉锯战"搞得我身心疲惫，不自觉地常沉着脸。不是我不想笑，实在是觉得目前的情况和期望值相距太远，高兴不起来。就在这个时候，收到如此不友好的指责短信，我先是气愤，而后是委屈，随之各种各样的念头都跳了出来。每天起早贪黑地陪着这帮"小屁孩"，好不容易在艰难的爬坡中看到了一点起色，我竟然成了Ta口中恶毒的"男人婆"！

强摁住乱七八糟的念头，我迫使自己冷静：不能乱！这不是私人恩怨，这是工作，工作中的麻烦谁都会遇到。一个家长的声音不能代表全部的家长！我是否用心工作，不是一个家长的三条短信就可以全盘否定的！我是怎样的老师，不是一个家长的三条短信就可以盖棺定论的！

作为老师，我不怀疑自己的职业道德。但几年没担任班主任，如今接了这个班，学生已是00后，家长群体发生了变化，大的教育氛围也在改变，而我还是老一套的带班模式，或许真是我的工作方式out了？无风不起浪，家长不会无缘无故指责老师，应该是我哪里出了问题。

理清思路，我调出那个陌生的电话号码，拨了出去。

"丁零零……"手机振铃，但电话被拒接了。

"叮！"一条短信发了过来。

"因为众所周知的原因，我不便接听你的电话。"

"其实没什么，我想和您沟通一下，顺便谢谢您。"我回复。

"谢？"看得出对方是惊讶的。

"是，大半夜的，您用手机编了这么长的三条短信，肯定花了不少时间。无论事实是否有出入，您指出我工作中的问题，目的是要帮我改变班级现状吧？所以要谢啊！"

这也是我冷静之后的心里话，我不能因为一个家长的一时言语不恭，就以牙还牙，那不该是为人师表的气度。

"没想到你会这么……大度，现在要说的就这些，以后有问题再交流吧。"Ta结束了对话，不再回复。

短信事件就这样告一段落了，然而"兵熊熊"论调却逼着我开始反省。

曾经，我信奉"宁给好心，不给好脸"，可在"被捧在手心儿"的家庭氛围中长大的娃娃们看不到好脸，以他们的年龄和阅历，哪里还有兴趣去感悟冷脸下掩藏的好心？

曾经，我以为整齐划一、中规中矩的班级氛围是优秀班集体的标配。但现在，我开始觉得高压下的井然有序只是暂时的假象，秩序下掩盖的问题就像活火山，随时可能爆发。

曾经，我看到学生们拖沓、犯错就不自觉地着急上火，忍不住劈头盖脸地指责训斥。在暴风骤雨式的教育之下，表面上学生们是低头认错了，但他们好像并不心服。

痛定思痛，翻出书架上尘封的教育书籍，我试图从教育同行那里寻求答案。"书中自有黄金屋。"教育大家们给出的诸多理论和实践经验、方法让我逐渐明白，教师这个职业就像牵着一群蜗牛在散步。心静了下来，我开始心平气和地分析学生们"闹腾"中所潜藏的教育契机，并时刻告诫自己：慢一点，再慢一点，不要急于把成人的思路强加给孩子们，要通过如水般的引导让他们从心底理解，而后再接受。只有内心认可了、接受了，后续的执行才会比较容易。

在班级管理方面，我开始尽量减少被动性的事务，有意识地通过班风的培养去触及孩子们的灵魂。我利用一切可利用的平台和手段给孩子们展示一些积极美好的东西。这些内容可能暂时与课本无关，但正能量就像精神的养料，滋润着孩子们的内心世界，无声地进行着美好心灵的塑造，引导他们崇尚一切美好的事物。

与孩子们相处时，我的批评教育少了，情感方面的交流多了。我试着不再隐藏自己的感情，不再吝啬赞美和喜爱。在作业本、试卷的空白处，只要时间允许，我就会写下教育小纸条。

"这次你的试卷堪称完美，真为你骄傲！"（比起分数，话语更能激励孩子们奋进的心。）

"最近你的课堂表现一级棒，我越来越喜欢奋斗中的你了！"（及时的肯定可以激发孩子们持续的学习热情。）

"这么丑的书写怎配得上你俊朗的外表形象，是不是该洗心革面，重新来过呢？"（搁在以前，我只会粗暴地说"书写差，重做！"）

我建立了微信群，开始直播班内活动，让家长们了解班级近况，告知组织活动的意图和目的。同时，我打给家长们的电话，内容也由单一的告状逐渐转变为及时肯定孩子们的点滴进步。

班上遇到麻烦和问题，我不再独自扛，而是跟孩子们"摊牌"，大家的事便群策群力。慢慢地，孩子们和我配合得越来越好了，越来越多的家长对班级的管理给予肯定和支持。

我的教育心态淡定了，带班风格也发生了变化，随之而来的就是班级的变化。我开始觉得最大的幸福就是让班上的每个孩子都能带着微笑来上学。

当我不再为班级没有得奖而耿耿于怀时，奖状反而频频光顾（4）班；当我不再把"班级均分"作为终极目标时，班级成绩反而在步步上升……一年后迎来中考，（4）班的英语平均分接近130分（满分150分），中考总分600分以上的人数达到24人（满分670分，当年只考文化课，不考体育），绝大多数学生考上了心仪的高中。

现在，我还是班主任。曾经的"波折"炼成今天的经验，我和我的班级相处得很愉快。而那个曾经发来"兵熊熊一个，将熊熊一窝"短信的陌生号码，再没发来过任何消息。也许，Ta对我是认可了吧？

刚好遇见你

——我与《新教育》结缘记

兰州市第二十中学 雷秋慧

世间一切，都是遇见。冷遇见暖，有了雨水；春遇到冬，有了岁月；天遇见地，有了永恒；人遇见人，有了生命；众里寻你，蓦然回首，你在灯火阑珊处。

——题记

众里寻你

时隔两年，接班时的一幕幕恍如昨日，不时在眼前浮现……腼腆的小明因为更换校服一事，掀起了一场轩然大波。家长发短信控诉我低效无能，不能上通下达。孩子也郁郁寡欢，似乎受了天大的委屈。倔强的小强多次不交作业，任课老师不能管教，也不敢管教。家长发微信质疑我，小学时那么优秀的孩子到了我手里怎么就顽皮捣蛋、一无是处？向来懂事的孩子，上了初中没几天，缘何变得脾气古怪、不可理喻？面对家长的不理解、不支持，责怪埋怨，我开始苦苦追寻。

两个月过去了，班级趋于稳定，管理逐渐走上正轨，可我还是开心不起来。小伟不按时到校，三天打鱼两天晒网，半学期下来，迟到旷课次数竟多达几十次；交作业完全看心情。更让我意外的是，他竟然伙同几个辍学的孩子把我投诉了。理由是班主任老师太烦人，管得太严，不交作业要管，不到校也要管。小苗爸爸公然在微信群挑衅，抱怨数学老师不让孩子们坐着上课，影响了孩子们健康成长，还振振有词地给我大讲特讲教育规律，连"下不为例""决不罢休"这样的词语都抖搂了出来。我生气，气学生不懂事、不明理；我怨恨，"恨"学生不争气、不作为。

最让我头疼的还是班级整体的颓废、不上进。每次约谈小志，他都一副"雄关漫道真如铁，而今迈步从头越"的豪情，但一走出办公室，却又是一副"一梦醒来万事空"的神情，表现一如既往：上课睡觉，下课狂聊；在校听天书，回家聊脸书。家长忙于生计，疏于管教，小志正好无拘无束，落得个"逍遥自在"。我怨他不听我劝，辜负了我的苦口婆心；我怨他自暴自弃，空有一个好头脑。

日有所思，夜有所梦。不知从什么时候起，我的梦里再无别人。班长的体育、小凡的慢节奏、小彬的家庭、全班的数学学习……一个个有血有肉的故事在我的梦里轮番上映。我在梦里讲授数学课、探望生病学生、上门家访；我在梦里哭，在梦里笑。回到现实中，我思考着他们的学习，操心着他们的健康，关注着他们的状态，心系着班级的发展，情系着孩子们的未来。心心念念，难以释怀，尝尽愁滋味。

灯火阑珊处

六年前，我被2014届的一名家长堵在小区门口，辱骂一个多小时的情景，至今想起，仍然让我心有余悸，胸口隐隐作痛。愿伤，心伤，情亦伤，唯愿各自飘零不复见。

三年前，2017届的孩子穿上我为他们订制的专属毕业纪念T恤，灿烂的笑容永远定格在那一刻。那可是我自掏腰包，花了一个多月的工资，送上的福利。为了给他们制作一部精美的毕业电子相册，我再掏腰包购买了软件，熬了几个夜晚，终于赶在毕业典礼前成功出片。孩子们激动的泪水，冲刷尽了我几年的委屈与辛劳。几多欢喜几多愁，快乐一笑泯恩仇。

刻骨铭心的心伤，情不自禁的心动，一切痛苦的过往，在第一次捧起《新教育》的瞬间，烟消云散。我尽情地吸吮着、回味着、感受着你的温柔，感受着生命的心跳。因为刚好遇见你，从此一入此门心荡漾。有人说你颠覆了传统的教育观，在过于功利化的应试教育与遥不可及的素质教育之间，架起了一座桥梁，从此天堑变通途；有人说，你对精神世界的关注，对人性的塑造，让身、心、灵完美统一；也有人说，你倡导的幸福完整，让教育走下圣坛，诚实、朴实、接地气。你说，我们不是摘星族，但我们愿意拿着抹布和水桶，一路踉跄，擦亮每一颗星；我们不是明星，也不追星，但我们愿意汇聚一切力量，铸就"梦工场"，打造"星工场"，铺就一路星途。你说，看透了教育，但仍然挚爱教育。这种信心、信任、信念，乃至信仰，是何等珍贵。它犹如一颗种子，一旦种下，终将绽放。你说，教师快乐，教育才快乐，学生才能快乐；教师幸福，教育才能缔造幸福，学生才能终生幸福……我渴望快乐，我向往幸福，我庆幸刚好遇见你。这场撩拨心弦的遇见竟让我心神荡漾，如痴如醉。

你说，教师不能空谈教育，要像农民扎根田野一样，扎根课堂，走进孩子们的内心；你说，新教育不折腾教师，只是鼓励教师仰望星空，向着明亮的方向不断前行；你说，要像堂吉诃德一样，做一个孤独的舞者，虽不乏诗意的美，但流星陨落天际的那一刻却带不走悲伤；你鼓励教师做助手，而不是对手，平等地交流，真诚地"吵架"；你说，一间平庸的教室并不完全源自一个平庸的教师的所作所为，但一间卓越的教室，一定源自一个不甘平庸的教师的梦想；你说，完美虽曰不能，但心向往之。教师所能做的，就是用心装点每一个日子，擦亮每一个日子，把它写在学生的心坎里……如此启示，不一而足。你道出了我的心声，击中了我的泪点。我愿伫立于灯火阑珊处，因为刚好可以遇见你。

心新相长

两年来，我和"小强、小明们"一起成长。我们一起创建了一个叫"弘毅"的家。我们办报纸、开讲堂，走星光大道，出席颁奖典礼；我们一起哭，一起笑；我们一起去植物园踏青，做公益，助人为乐；我们一起参观国学馆，诵读经典，祭拜先贤；我们一起奔赴临夏，探索远古的奥秘；我们一起遨游书海，分享读书的乐趣；我们一起经历过去、珍惜现在、畅想未来。两年来，我写了几十万字的日记，制作了80多集纪录片，编辑了几十期《弘毅周报》；两年来，我读了50多万字英文原版作品，还有几十本教育教学书。今年，我报名参加了省博物馆的志愿者，业余时间做兼职讲解员。生命有限，成长无限，因为有你，旅途才灿烂。两年来，"小明、小强们"褪去了青涩，告别了懵懂，日渐成熟。两年来，我们收获了一大堆荣誉。"军功册"里，有"小明、小强们"……有我，也有你。一切都只因那场遇见。

有人问我为什么精力如此充沛？为什么这样开心快乐？我只想说因为我刚好遇见你。

你给了我一个宗旨（过一种幸福完整的教育生活）、两大愿景（成为中国素质教育的一面旗帜，打造植根于本土的新教育学派）、三专模式（专业阅读，专业写作，专业发展共同体）、四大改变（改变教师的行走方式，改变学生的生存状态，改变学校的发展模式，改变教育的科研范式）、五个文化实验（文化植根，文化塑形，文化育人，文化强师，文化立信）、六种教育（新的教育、心的教育、行的教育、幸的教育、星的教育、信的教育）、七大理论基础（发展论——为了一切的人，为了人的一切；行动论——只要行动就有收获，只有坚持才有奇迹；状态论——重视精神状态，倡导成功体验；潜力论——无限相信学生与教师的潜力；个性论——强调个性发展，注重特色教育；崇高论——与人类的崇高精神对话；和谐论——教给学生一生有用的东西）、八字启示（行动、收获、坚持、奇迹）、九大定律（态度决定一切，说你行你就行，体罚近乎无能，读书改变人生，课堂属于学生，性格主宰命运，特色就是卓越，理想创造辉煌，爱心产生奇迹）、十大行动（营造书香校园，师生共写随笔，聆听窗外声音，培养卓越口才，构筑理想课堂，建设数码社区，推进每月一事，缔造完美教室，研发卓越课程，家校合作共建）。我愿跋千山涉万水，以百倍努力，十年磨一剑，正所谓"九万里风鹏正举"。虽不才，不能布八阵，唯尽全力，造七级浮屠。一年三百六十日，结五湖四海之仁人志士，秉三人行必有我师之道，使九牛二虎之力，一心一意，呵护每个生命，点亮每个日子，过一种幸福完整的教育生活。

"蒹葭苍苍，白露为霜。所谓伊人，在水一方。"遇见你，像是遇见知音，遇见大千世界。

教育是一场旷日持久的马拉松：熬得住，出众；熬不住，出局。为师是一场怡情养性的修行：正己助人，立己达人，修己度人。我当用一心一意的坚持，一如既往的乐观，一门心思的奋斗，一丝不苟的态度，且行且珍惜。

——后记

信任的力量

——观《嗝嗝老师》有感

西北师范大学第二附属中学　卢燕

前几日，去电影院观看了《嗝嗝老师》，感触良多。影片一开始，我就被嗝嗝老师的眼神所吸引。这个眼神，让人感到一种勇往直前的力量；让人感到不管现实如何惨淡，跟着她走，定会春暖花开。

嗝嗝老师遇到了一群熊孩子中的熊孩子。上课捣乱、起哄已是家常便饭。熊孩子们嘲笑老师，拿别人的缺点开涮，打架旷课，几个星期里气走了7位老师，甚至还把嗝嗝老师的信息做成广告贴到大街上，可恶到了极点。

但他们又是一群特别可怜的孩子：生活在贫民窟，挣扎在温饱线边缘，因拆迁来到了这所著名的私立学校。他们也曾努力过，但还是成为异类，受到歧视，被扔到了最差的F班。他们不知和世界怎么相处了，只好用各种恶作剧来抵御生活对他们的敌意。他们看上去天不怕地不怕，对谁都瞧不上，实际上，他们比谁都自卑，自我价值感非常低。他们自暴自弃，自认为没有明天。有人亲近他们，他们会像刺猬一样来扎你。但是，他们外表有多嚣张，内心就有多无助。这是一群严重缺少自信与安全感的孩子。

这样一个班，嗝嗝老师却在校长面前打包票，说这些学生期末考试都能及格，甚至还能拿到年级徽章。这让我倒吸一口凉气，这些学生没有显露出什么超常的天赋，家庭教育几乎空白，又落下那么多课，他们能赶上吗？再说考试中还有许多不可预测性，头疼脑热也会影响成绩。后来有人说她的学生作弊，她认定学生如此用功，是不会作弊的——她的学生确实没有作弊，并且全部及格，还拿到了年级徽章。

学困生在短期超过学霸的可能性几乎为零。她凭什么敢打包票？她哪里

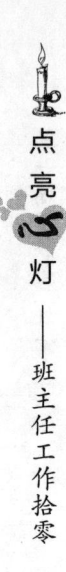

来的这种自信？网上不是有段子说，不管你怎么努力，还是有数学题做不出。难道嗝嗝老师不明白这一点？

她的希望落空了怎么办？她会觉得丢脸，对人、对事失去信心吗？她会担心被同事笑话吗？她会担心丢了这份难得的工作吗？……

这个问题我当时没有想明白，现在有些明白了。

嗝嗝老师不会的。如果她是这样的人，就不会因自己如狗般的叫声而受到一次又一次的拒绝后，在别人的吃惊、嘲笑中却还能幽默应对，坚持5年去求得一份教师的工作，追求自己的理想。

即使她的学生失败了，她还会继续相信他们。她的这份"他信"源于"自信"，就是心理学上说的一个人对别人的信任，根源于他对自我的信任。嗝嗝老师毫不犹豫地相信她的学生，其实是她毫不犹豫地相信她自己。她的学生也在这份信任的驱动下，敢于直面自己的恐惧，一起放飞心中的惧怕，轻装向前。嗝嗝老师很爱她的学生，这种爱不是怜悯，不是刻意为之，而是发自内心的欣赏，欣赏每一个人，认为每一个人都值得欣赏。

在这种欣赏与信任下，她的学生找到了希望。错过了太阳，还有月亮；错过了月亮，还有星辰；错过了星辰，还有明天。"明天又是新的一天。"《飘》里的斯嘉丽不是常说这句话吗？在希望的召唤下，嗝嗝老师的学生自觉地汲取知识。

嗝嗝老师还是一位教学水平极高的老师。她可以让学生们一边玩纸飞机，一边讲抛物线；在学生打篮球时教测量。她可以随时创设教学情境，寓教于乐；她可以在生活中教学生学习知识，教学生在生活中运用知识。她把数学，物理、化学、生物学科打通，融会贯通，实现了大学科教学。这样的老师，在什么时候都是稀缺资源。

因为绝对的信任，她缔造了一段教育神话。我们选择相信美好，我们的生活便终将奔向美好，这让我们更有力量去相信、去创造。我想嗝嗝老师的力量就来源于此。

绽放在路上

西北师范大学第二附属中学　庞荣

有人说班主任是职场里最小的主任，却是学生世界里最大的主任，这是一个神奇的岗位。一位班主任面对班级中的几十名学生，蕴含的力量看似微不足道，却犹如聚合能量块，看似是随意的、不经心的一举一动、一言一行，但所起到的作用却可以不断地被放大，可以影响一个班级的整体学风、班风、学业水平，甚至学生未来的发展方向。多年的班主任工作，给我留下了太多的故事。这些事大多数发生在学校——我熟悉的环境中。但今天这个故事却发生在路上。2018年的夏天我和我的孩子们踏上了一条万里路，一条研学之旅。

读万卷书不如走万里路，外面的世界那么大，任何一个人都想去看看。居里夫人曾说："好奇心是学习者的第一美德。"当第一条泥盆纪鳍鱼过腻了泥水中的生活，为绚丽多彩的陆上世界所诱惑时，它便挣扎着从泥水中爬上岸，这就是好奇。当第一只森林古猿过腻了在树上爬上爬下的生活，而对陆上平坦的生存环境感兴趣时，它爬下树木，试探着走向林边的空地，这也是好奇。哈佛大学校长陆登庭也在"世界著名大学校长论坛"上表示："如果没有好奇心和纯粹的求知欲为动力，就不可能产生那些对人类和社会具有巨大价值的发明创造。"一个孩子行走和阅读的范围就是他的世界，而行走的意义更胜于阅读。对于孩子的成长来说，真实体验先于抽象知识，具体观察先于一般概念，体会文化才是研学真正的意义。

而我也跟随孩子们的脚步近距离体验美国课堂，入住寄宿家庭，一路领略美国的现代化与田园气息相结合的建筑风格，沉醉于充满艺术与科学双重气质的普林斯顿，赞叹着处处都充盈着历史与文化厚重感的斯坦福大学、哈佛大学，畅游了世界顶级的大都会博物馆和科技感十足的美国航空航天博物馆，勇敢地开口说英语，与寄宿家庭亲切相处。这一切的一切都让每一位成员收获良多。

最好的成长在路上，而看世界就是促进孩子成长的最好方式。

2018年我开设了校本课程《美国文化》作为学生暑假美国研学项目的前奏，并为学生在课程中设置了探究性项目。在教室中了解图片、视频中的美国后，我带着更多的问题和对外面世界的好奇，与学生共赴异域。当踏上美国的国土时，我和学生就被真正的英语世界包围了，平日课本上的单词、句型和表达方式该是实际应用的时候了。可这恰恰是我们最大的障碍。入境、乘车、吃饭、住宿，看似最平常的生活环节，学生却很难在大脑里找到可以调动的英语单词或句子，这时候他们才意识到语言是生存最基础的需求，不再是课本中硬邦邦的字母，不再是孤立的短语，而这些课本上的"小蝌蚪"全部都是日常"必需品"。在入住酒店时，一位学生由于房卡故障而无法打开房间，他想向酒店前台反映，但他的语言表达水平就如同未接触过英语一样，对方根本听不懂。这时候，随队的一位语文老师简单地说了一句"This card is wrong"，前台工作人员随即明白并更换了房卡。学生通过这件小事才意识到，语言的学习不是背诵，也不仅仅是记忆，而是应用。生活的应用是语言最好的温床。语法的规则在语言的使用中不是唯一的标准，沟通的方式方法有很多，符合语法规则的语言不一定能帮助你进行有效的沟通。语言有法，但无定法，这是学生在语言课堂中永远无法切身体会到的。

对于语言的不适应，青春年少的学生们很快就调整完毕。但是，他们在Homestay（寄宿）环节又碰到了新的挑战。在学生的主观印象中，美国是最发达的国家，物质丰富，生活便利，电影、电视、网络为他们绘制了一幅美景，学生心向往之。在homestay中，主人热情的招待、舒适的环境让学生们无比兴奋。然而当夜幕降临时，第一个问题出现了。美国人都居住在城市周边，学生们想如国内般在社区散步时发现，街道空无一人，所有的人都在家中，整个街区没有一点人气，别说是广场舞，就连遛狗的人也没有。当我带领学生到当地的超市购物时，看到了美剧中的油漆桶式家庭装冰激凌。一面墙似的糖果架，比饮用水还便宜的大罐牛奶和纯天然果汁……重点是每一件商品都有安全认证标识。这些都让孩子们明白了商品的种类繁多并不是经济繁荣的标志，对商品质量的严格把控才是体现国家发达程度的一项重要指标。愉快的购物之旅结束后遇到第二个问题——结算。学生们在中国习以为常的手机二维码结算在美国没用。这儿没有微信支付，没有支付宝，没有随处可以使用的移动网络。电子支付在中国的普及程度让他们想当然地认为，美国这个发达国家肯定有这个条件，甚至比国内更方便。可是现实却向他们再次证明，中国的实力不是世界上每个国家都具备的，即使是强大的美国也有不如我们的地方。这些都为学生不断增添着信心。我们的自信是来自于国家的不断发展，不盲目地崇洋媚外，在不断进步中树立更强的国家自豪感和自信心。

  研学的另一个重头戏是美国的学校。在美国的中学我们和当地的学生们共上了一堂食品健康课。课上大家一起动手烤制小饼干，了解食品中原材料的运用对食物营养结构的影响。在排球课上孩子们穿着专业的排球服，在动感十足的音乐中让身体里的能量小宇宙在一次次的接球、传球、扣球中爆发出来。队员之间相互鼓励，击掌加油，喝彩呐喊。那一刻洋溢在大家脸上的是满满的自信和兴奋，仿佛自己就是运动员，正在赛场上挥洒汗水。在世界顶级高等学府哈佛大学和麻省理工学院，我和学生们参观了校舍、实验室，旁听了课程。学生感受最深的有两件事：一是美国学生的课堂活跃性高，学生们表现出了对知识的积极性和渴望，教师没有现成的答案提供，所有的知识都由学生自我探究获得。二是学生思维的批判性强，不是等待教师灌输知识，而是主动思考，自我辨别，勇于发表自己的观点，即使错误也不畏惧。这为学生养成良好的学习习惯和方法打开了一扇大门。

  行走一路，观察一路，学习一路。作为班主任的我与学生一起学习和成长。我为他们打开了语言学习之门，学生明白了语言应用的真谛。我带他们看现实世界，让他们理解祖国的未来在他们的肩上。我连接未知世界，让他们意识到自己的不足，扩大自己的眼界，向更高的目标出发。

那一刻，我是受教者

西北师范大学第二附属中学　董方莹

回想做学生那会儿，虽然对韩愈《师说》中"孔子曰：三人行，则必有我师。是故弟子不必不如师，师不必贤于弟子"的名句耳熟能详，但毕竟"纸上得来终觉浅"，并未深感其意。直至自己成为一名教师，在所教学生身上发生了一件小事，才让我对这句话有了切身的体会，深感要想稳稳扎根这三尺讲台，还须时刻有"绝知此事要躬行"的觉悟。

他叫李贻飞，瘦瘦高高的，是我刚带初一时班上的一位学生。与班上那些所谓的"问题学生"不一样，他的家庭成长环境、个人资质秉性、与人相处等方面相对来说都还可以，但不知什么原因，他总是学习成绩平平。虽然各科教师和他的父母多次沟通，尝试了各种方法，但他的学习成绩仍不见丝毫起色。

初二下学期一次课后，我派课代表让几个没有完成作业的学生补作业，回头发现李贻飞怯生生地站在门口，欲言又止。一番询问后，我得知他也没完成作业。他因为不会做想让我给他讲一下。我看了看，是英语选词填空题，估计他是上课没用心听才不会做。我耐着性子给他讲了一遍。我原本并未将此事放在心上。但奇怪的是，自此以后，他总是找我，问一些很常见的问题。虽然不免有些疑惑，但每次我还是本着最基本的"师者，所以传道受业解惑也"的职业理念给他讲解。时间一天天过去，期末考试后，李贻飞不仅英语成绩，其他几门功课的成绩也都有了明显的提高。我心想，照这个势头发展下去，他考个好点的高中应该没什么问题，这让我很是欣喜。中考过后，他竟然考入了一所市级重点高中，令我颇感欣慰。而我也意外获得了晋升。偶尔与其他老师交流李贻飞学习进步之快时，大家常常感叹这孩子估计是脑瓜子突然"开窍"了才这么厉害。时光飞逝，一届又一届的学生毕业，一茬又一茬的新生到来，在忙碌又充实的无数个日常生活里，我对这名学生的印象也渐渐从脑海里淡去了。

几年之后，在一次课后，我发现有一名学生站在门口，高高瘦瘦的，有些面熟，却想不起来是谁。我决定走出教室看一看。

"董老师好！"这名学生率先打破了沉默。

"你是？"我有些狐疑地问道。

"我就是原来老在班上找您问问题的李贻飞。"他说道。

"哦，是你呀。来，进来说。你找我有事？"我一边招手让他进来，一边在脑海里思索他在学校的点滴。

"我找您除了谢谢您给我讲题外，还有件事想对您说。您还记得咱们班上的张玲吗？我们俩拿到了我们学校去国外大学读书的全额奖学金了，我们可以出国读书了！我特来代她谢谢您！"他兴冲冲地说着。

"呀，是吗？你们真是太棒了！老师祝贺你们！"我既为这个消息感到高兴，又尽量掩饰自己的惊诧。之所以这样，是因为我对张玲可谓记忆深刻。这是一个不折不扣的单亲"问题学生"，成绩一直是年级垫底，当时可没少让我头疼，现在居然都能拿到全额奖学金去国外读书了！

李同学大概是看出了我的心思，解释道："董老师，是这样的，其实我原来和张玲并不熟悉，只知道她和我一样都是学困生，在班里都没有什么存在感。有一次放学后，我看见她前后两次把一名老爷爷和一只跑到马路中间的流浪狗带到对面马路的安全地带，那一刻，我觉得张玲心地好善良。自那以后我就有意无意地接近她。但她明确表示拒绝我，原因就是不想影响、耽误我，更重要的是，她说她喜欢您、尊敬您，不想让您再为她担心。"

听李同学这么一说，我寻思着张玲这孩子内心也很是单纯。

他继续说："张玲告诉我，她母亲找过您，希望您能多费心教教张玲，您答应会多花心思辅导张玲。张玲特别感激您，但苦于没有报答的机会。我找您讲题的那一段时间，正是天黑得早、天又冷的时候。张玲找到我，让我先找您讲题，事后我再给她讲，这样就不耽误您早点回家了。"

"哦，原来是这样，怪不得那一段时间张玲的学习有点起色。"我若有所思地说道。

"嗯。中考结束后，张玲成绩不理想，她去别的学校复读后才考上了高中。"

"那你的成绩是怎么在短时间内快速提升的？我记得你问我的都是些简

单的题目啊。"

"是的，老师。也不知道张玲是从哪儿听说的，她告诉我，按咱们学校的规定，学生的学科成绩只要能达标，学生的任课老师就可以得到晋升。张玲一直想感谢您，但无奈学习不好。那段时间我们相互鼓励，在课余时间我就给张玲补习功课，她的成绩也慢慢进步了。后来我们也都考上了高中。现在，我们可以去国外上同一所大学了！"说完他脸飞快一红。

"老师，我这次来就是想感谢您，您对我和张玲影响很大。董老师，谢谢您！"说完他给我鞠了一躬，然后就飞快地消失在了走廊里。我想说一句"孩子，不用谢我，真的不用……"的话也随着他离去的背影咽回肚子里。

回到办公室，我的心久久地不能平静。还记得最初选择从事教师这一职业时的懵懂与憧憬，前辈在工作上的指导与帮助，自己的点滴成长……职业道路上，每一步走来要感谢、感恩太多人，却常常忘记了对我可亲可爱的学生们、孩子们道一句真诚的"谢谢"。坐在办公桌前，思索良久，张玲与李贻飞身上不正体现了一个教师每日谆谆教诲的四个字——善良、感恩吗？这是植根于人性深处的品质，无论一个学生的学习能力、成绩高低与否，只要在平时的教学中多给予他一些关怀与指导，他都会铭记于心。这样的学生，长大成人走向未来后也必然会有益于他人，有益于社会。也就是在那时，我在对"师道"的体悟上有了更深刻的理解。因为那一刻，我是一个受教者。

一个"特别"的学生，一份不特别的爱

兰州市第四十九中学　彭鑫嘉

在我眼里，每一个学生都是一朵含苞待放的花蕾，作为班主任，我有责任让他们都绚丽地绽放。我曾以为，对那些"特别"的学生，我更应多一些关爱和呵护，给他们一份特别的爱，可是，一个孩子和他的家人却让我意识到，我错了！

他叫小雨，是一个独来独往、不爱说话、不爱笑、不理人、不做操、不听课、不搞卫生的学生！为了了解这个"特别"的学生，我进行了一次家访。一进他们家，他的母亲就忍不住哭着对我说："老师啊，很抱歉给您的工作带来了麻烦，不过您知道吗，我们小雨天生兔唇，已经做过三次手术了，虽然他的嘴型基本矫正过来了，可是做手术打麻药留下的后遗症让他现在的智力只有八九岁孩子的水平。为此我们跑遍了全国各大医院，可是收效甚微。"听到这里，我不知该说些什么。

在我走出小雨家以后，他父母后来对我说的几句话一直在我的脑中盘桓："老师，您放心，这个孩子有残疾证，我们知道该怎么做，绝不会拖您和班级的后腿，也不会影响学校的中考成绩，我们只希望老师像对待和其他孩子一样同等对待小雨！"

孩子虽然很"特别"，但他不希望被"特别"对待，他只希望得到老师的平等对待，像其他孩子一样被老师或关爱，或批评，或信任……其实每一个孩子都渴望被平视，被公平对待，而老师对他们的态度也不应因他们学习成绩、行为习惯的不同而有所不同。老师应一视同仁对待所有的学生，这才是对学生真正的爱，也是一个班主任应具备的"初心"。

知道了他母亲说的这些事儿，我开始像要求其他学生那样去要求他，像关注其他学生那样去关注他。只是很可惜，他还是不搭理我。直到有一天，学校下发了安全教育通知单，我有意识让他帮忙把通知单收齐，并交给班长。本不抱任何期望的我，却收到了他给我的一个惊喜——他把收到的通知单一张张叠放得很整齐，而且还统计好谁交了，谁没交！下午，他笑着告诉我，他已经整理好了所有的通知单。这是他第一次主动和我说话！我惊奇地问他："你是怎么做到的？"他笑着跑开了！

当天晚上，他妈妈给我打来电话，高兴地说："老师，小雨今天晚上的话特别多，一进门就说他圆满完成了老师布置给他的任务，还得到了您的表扬，他向我保证，如果您以后还给他布置任务，他会做得比今天更好。"结束这次通话，我的心情久久不能平静。一个看似无意的举动，一次把小雨和其他同学一视同仁的行为，最终却得到如此"丰厚的回报"——让一个孩子找到了自信，让一个家庭得到了温暖，让一个老师获得了感恩。所以我认为，无论是我们的生活，还是我们的教学，处处是感动，只要我们细心、用心、有耐心，我们的收获将远远大于付出。

从那以后，小雨愿意主动和我交流了，还会和我开玩笑，我也特意为他设立了一个职务——通知单课代表。看着他发生的巨大变化，我觉得特别有成就感。一天，数学老师要求他和其他同学换一下座位，他却执拗地说："我只听班主任的，其他人的话我不听！"这让数学老师很尴尬，也很无奈。听到这件事我也高兴不起来，我知道我做的这些还远远不够！可是，我也明白，无论是对一个"特别"孩子的教育，还是对一个普通学生的教育，注定不是一蹴而就的，我需要做足这样的心理准备——同样的错误会在学生的身上一而再、再而三地重复，甚至教师经过长期努力之后，仍旧会一无所获。所以，教育，更需要教师用心地培养、执着地坚持和耐心地等待。

三尺讲台，舞台虽小，但我手捧师爱，憧憬明天；一间教室，视野虽短，但我热爱学生，无悔青春。十年耕作，让我逐渐明白：每一个学生，既是一个特别的存在，也是一个平凡的存在，只要我们用爱心搭起桥梁，用关心凝成温暖，用真心传递幸福，收获最大的，不仅是学生，更是我们自己！

青春期的懵懂很美丽

兰州市第四十九中学　彭鑫嘉

青春期是人生中最美好的时光，青春期的中学生渴望与异性交往，这是他们心理、生理走向成熟的必然过程，是一种十分正常的表现。理解青春期的孩子，捕捉他们这一时期的敏感情绪，消除孩子的抵触心理，调动他们的积极性，便于师生深入地进行沟通与交流。

小琪是我们班的数学课代表，性格活泼、开朗，是一个人见人爱的小姑娘，有时候也会咋咋呼呼、旁若无人地乱吼……我习惯了她的吵嚷，有时候听不见她的声音反而有些不自在。

有一天，我悄悄地走到教室门口，发现班上很安静，没有了往日的噪声。我感到很奇怪。平日里吵吵嚷嚷的小琪，竟也安安静静地坐在了自己位置上。我心里很疑惑，便忍不住问班长是不是有什么事情，班长一脸疑惑地回答我没什么事。我不安地离开了教室。也许你们会问，安静地上自习不好吗？如果在其他班这绝对是好事，可在我们班就不正常了。没有了小琪的声音，这个班不正常，或者说小琪不正常！之后我特别关注小琪，她还和往常一样学习，检查作业，服务同学，协助老师，似乎没什么变化！要是说有一点变化，就是她不怎么说话了，整天低着头学习。我一时发现不了端倪，就放松了观察。

有一天，她突然跑到我的办公室，哭着对我说："老师，我实在受不了了，我装不下去了，我要和你聊聊。"我心里暗喜：终于来找我了，一直觉得她有问题，但不知道如何下手，只有她自己主动张嘴，问题才会顺利解决。她说："我喜欢上了初三的一个男生，那个男生很帅，学习特别好。可是马上要中考了，他要走了，以前每天都在学校能看见他，哪怕是偷偷看着，可是以后再也看不见他了，一想到这里，我就难过，浑身没力气，不知道现在该怎么办。"听到这里，我释然了。我问她："他知道你喜欢他吗？"她说不知道，

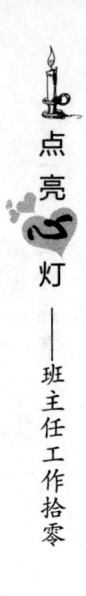

"那你是什么时候开始喜欢他的?"她回答:"一个月前。""就短短的一个月,你就不能自拔了?这些他知道吗?他要考哪一个高中你知道吗?"她摇摇头,我说:"那你该怎么办呢?"她沉默了,没再说话。

之后的几天里,她失去了往日的风采,每天除了上课,就在桌子上趴着,无精打采的,也不和同学聊天了。班级似乎也失去了往日的活力,同学们都很默契地不去招惹她、打扰她。不久,她的作业质量急剧下滑,上课时也眼神空洞。看到这些我急得如热锅上的蚂蚁,心想:一定要帮帮这个孩子!怎么办呢?我找到了男生的班主任,了解了他的基本情况。他高大帅气,学习刻苦认真,难怪小琪为他茶饭不思。我找到了他,和他说了事情的原委,请求他帮帮小琪,就算给她写一份心灵鸡汤也好啊。男生答应了。

回来之后,我把小琪叫到办公室,想和她再聊聊。她眼睛红红的,沉默了十分钟左右,终于向我吐露。她一吐为快,说出来,就舒服。等她心情平复了,我才和她说:"你的暗恋毫无意义,你的颓废是浪费生命,你了解他吗?你了解过他吗?你在这里一蹶不振,放弃自己的学业,他知道吗?他马上要中考了,马上要毕业了,你打算就这样颓废三年,然后默默无闻地消失吗?你甘心吗?有本事你考上和他一样的高中和大学!实话告诉你,追他的女生很多,而且学习都不差,他一个都没搭理,因为他有他的追求,那你的追求是什么呢?"说到这里她直直地看着我,似乎在说"老师你怎么知道他的事"。我笑了,但她却沉默了。过了一会儿她站起来向我鞠躬,说她知道该怎么做了。看着她恢复了自信的样子,我又笑了。我说:"既然你已经知道该怎么做了,我这里有一样东西你肯定用不上了,就不给你了。"说到这里,我拿出一张卡片在她眼前晃了晃。她的眼睛一闪,直接从我手里抢走,一溜烟跑了。看着她开心自信的背影,我不由得舒心一笑。

她逐渐恢复了往日的状态:活泼、执着、认真。她"活"了,我们班也"活"了。中考结束后,她蹦蹦跳跳地来到我办公室,问我那个男生考得怎么样。我说成绩还没出来,不过不出意外,师大附中是稳妥的。她笑着说:"老师,谢谢您为我做的一切,谢谢您给我的卡片,我已经知道自己的目标了!"听到这里,我又笑了。

谁说青春期的感情让人胆战心惊,谁说青春期的感情是学生进步的绊脚石?人类的情感是极其丰富的,除了爱情之外,还有亲情、友情、同情、敬爱之情、感激之情等。这说明,男女之间可以有不带爱情色彩的情感交流,它可以使人感到温暖，达到心理上的平衡。一般来说，女生的情感比较细腻温和，富有同情心；男生的情感粗犷热烈，且容易外露。异性之间的情感交流是微妙的，也是在同性朋友身上所得不到的。

只有具备了在正常气氛中与异性交往的经验，才可以使青少年通过比较进行鉴别，逐步掌握友谊与爱情的区别，从而更好地把握自己的情感。

他想成为Number One

永登八中　温发莲

　　此时此刻是2016年9月10日的0点22分，原本要入眠的我却丝毫没有睡意，眼泪在眼眶里流转，因为0点17分的时候我收到了一条出乎我意料的短信，也是一条充满祝福的短信，一条令我无法平静的短信："老师，今天是教师节！祝您教师节快乐！离开初中，离开您妙趣横生的英语课堂已经有三年的时光了。好想念您，想念那段美好的时光。老师，您给了我太多的感动，太多的关心。都怪我当时太不懂事，带给您太多的麻烦，感谢您对我的帮助。您跟我的爸爸妈妈一样，不管我有多"渣"，您都没有放弃过我。我反省后以优异的成绩考进了兰化一中，并且一直保持着对学习的热情、对生活的热情。老师，请您相信，我已经不再是过去那个任性、狂躁又懒惰的我了。如今我是班干部，我还在学校的英语演讲比赛中获奖了呢。老师，您高兴吗？赶在0点给您送上祝福，希望您不要介意，因为我还是想做number one。因为我怕有人会赶在我之前给您发短信。老师，您可能已经休息了，希望我的祝福不要像那次我大清早跑到您家门口背英语一样吓着您。您的学生：小翔。"

　　记忆的闸门在这特殊的午夜时分慢慢却清晰地打开了。

　　那是一个冬日的早晨，虽已临近7点，但天还是黑乎乎的。因为是班主任，我必须得在7点之前进校。推开家门，门口隐约有一个人影，我吓得差点叫出声来。"老师！"一声招呼才让我反应过来，原来是班上的学生小翔。"老师，我要给您背课文。"他低声说道。"背课文到教室，为什么到家属院来？"我不悦道。"因为我怕别人抢在我前面背，我想第一个给您背，我想当number one。"我知道，这个孩子性格很特别，好胜心强，没想到他竟然为背课文天不亮在我家门口蹲点。"老师，我陪您走，您听我背课文好吗？"不等我回答，他便迫不及待地背起来了。熟练程度、语音语调让我颇为惊讶，我无法想象这个孩子昨夜到底做了多少准备，花了多少力气。

之前由于他不良的学习习惯、固执甚至有点偏执的挑战行为，我已经多次跟他家长和他本人交谈过了。他不善言谈，也很少有笑容，但思维敏捷、挑战意识很强，按他的说法就是只有挑战成功他才会笑。这次他竟然把擂台搬到了我家门口。我为自己昨天布置背诵作业时对他的无端揣测而自责——我如常布置完作业后颇有几分挑衅性地望了他一眼，因为背诵课文是他的软肋……

"我要宣布一个好消息，我昨晚布置的Section A 3a背诵作业，尹艺翔今天第一个完成了，今天他是number one，明天他肯定还是number one，把你们最热烈的掌声送给他。"早上，我在班中宣布。在同学们热烈的掌声中他无比自豪地回到了自己的座位上，脸上展露出从未有过的喜悦。这一天，他笑了，自豪地笑了，开心地笑了。我也笑了，欣慰地笑了。

全班同学都笑了。熟悉的贾斯汀·克莱斯（Justin Clase）的名曲——*Yes I Can*又飘荡在（6）班教室的上空，飘荡在每个孩子的心头，飘荡在小翔的眼眸中。

信 仰

西北师范大学第二附属中学　阎丽

恩格斯说过："每一个阶级，甚至每一行业，都有各自的道德。""师德"就是从事教师职业要遵守的道德准则。教育应该有怎样的定位？教师应该有怎样的理想信念？带着各种疑惑和猜想，2009年的秋天，师范毕业的我，成了一名人民教师，走进了初中的校园。记得那是上班的第二年，我被聘任为新一届初一班主任。在经过了近一学期的摸索之后，对带班信心满满的我，却遇上了一件棘手的事情。

这天早上刚到学校门口，就看见我们班敏超同学的妈妈神色严肃地在校门口站着。看见我走过来，她马上迎上来，一脸怒气。

"阎老师，早上第一节课您应该没课，我找您有事！"

我一时没有反应过来，这话说得理直气壮，完全没有给我选择的余地，我虽有点不愉快，但还是客气地回了句："那请您在我办公室门口等一下，早读之后我接待您！"说完我转身向教学楼走去。内心不忐忑是不可能的，毕竟我是个新手。但是，究竟哪里出问题了呢？

一路上，我的脑子里不断地回忆最近班里发生的大小事，可怎么也想不起什么事是和她的孩子相关的。这到底是怎么了，让这家长摆出一副要上门找事的架势？

半小时以后早读结束，我从教室出来，远远地就看见了那个在阴暗的楼道尽头立着的身影。她一动不动地注视着我缓缓走来，那种静谧，让我仿佛感受到暴风雨来临之前的压抑。我走到走廊的尽头，打开办公室的大门，还没等我坐稳在凳子上她就开腔了。

"阎老师我告诉你，我们家孩子不想上学了！"

"啊？"我的眉头瞬间紧锁，心情沉重起来，可还没等我弄明白是怎么回事。她又是机关枪似的一连串："都是你害的！你是怎么当班主任的，为什么总是盯着我家孩子的作业不放呢？你不知道他有特殊情况吗？他昨晚又因为做作业哭了一晚上，他做不完，又害怕你批评，躲在家里不愿意上学了！"最后她又来了一句，"我们孩子若出了问题，你要负全责！！"说完她的眼泪涌了出来。这种"上门讨债"的情形，的确把我这个刚带班不久的新手吓了一跳。我一时语塞，难道学生完不成作业我要纵容？还成了我没理了？

这事还要从语文老师的一次抱怨说起。那是初一第一学期语文的第二次测试，敏超的成绩又一次刷新了年级的倒数记录。这时语文赵老师坐不住了，一进到我的办公室就开始无奈地抱怨："阎老师呀，你们班的敏超，成绩又刷新了不及格的记录啊！这孩子平时看起来也挺乖的啊，这是怎么回事呀？"

是的，敏超是我鲜少见到的内向不爱说话、胆小到甚至都不敢正眼看你的男生，从不惹是生非，但也只活在自己的世界里。赵老师的一番话让我开始想要关注这个"有点特殊"的孩子了。

于是，我立即拨打了他妈妈的电话。经过两三次的电话沟通，夫妻二人才吐露真言。原来，敏超的爸爸妈妈均是高级知识分子，年近40才有了他这个孩子。但是就在他妈妈生他的过程当中，发生了胎儿宫内窘迫而导致胎儿大脑短时间缺氧的情况，因此他的大脑反应速度比别的孩子要慢一些。因为这件事情夫妻二人对孩子更是爱护得要命，同时也更害怕周围的异样眼光。

于是我开始关注这个孩子。经过一段时间的观察和询问，我发现他虽然反应慢一些，但思维很清晰。他非常喜欢历史、地理，可以称得上是个小专家，在历史课课前三分钟的演讲中，他虽然讲得磕磕巴巴，但思路清晰、角度新颖。我断定这是个很正常的孩子，并不是他父母眼中的"傻孩子"。

我鼓励他独立思考、尽力做好每件事，也鼓动同学积极帮助他。我相信别人能做到的，他也可以。可是，最近我发现敏超的作业变得非常奇怪，几个老师告诉我，他作业的字迹显然是两个人的。这样的事情已经持续好几天了，最后询问孩子才知道，作业是他妈妈代笔的。这事情我还没来得及问，就发生了今天的一幕。

我稳定了一下自己的情绪，不能乱，这不是个人恩怨，要冷静客观地分析问题。究其根本还是我的工作做得不够细致、不能到位。孩子每天作业做不完，任何一个家长都会心急如焚，再加上孩子本来就有一些困难，家长的自尊心肯定受到了挑战。

我理清了思路，从里间搬了凳子让她坐下。

"先别生气，我理解你。当然，孩子的教育问题不是一蹴而就的，我们慢慢说。"

"我不是想和你吵架，他没有能力，他有特殊情况，完成不了的，你怎么就不能理解一下？"

"敏超妈妈，你别激动，作为他的班主任，我只想负责任地告诉你，他不是个傻孩子，在我眼里他是个天赋异禀的孩子。"

听到我这样说，敏超妈妈突然吃了一惊，神情疑惑地看着我。

"他真的很正常，也很聪明！"我又斩钉截铁地重复了一遍。瞬间，她的眼睛湿润了。

看到这，我的心也淡定了一些。稳定好了家长的情绪，我觉得有必要把误会澄清了。在教育中我们需要的是合力，我一定要把这位家长争取过来，把这个孩子挽救起来。

"我理解你，你是怕孩子跟不上课、受委屈，但这里我有两点想要说明：第一，我相信他。为了让他的性格变得开朗一些，我把班上一个思维比较活跃的男孩子调成了他的同桌，每次他畏首畏尾不敢做事情的时候，老师和同学都会鼓励他勇敢面对。你不知道他在历史课课前三分钟的'戊戌变法之我见'的演讲有多么精彩，思路有多么清晰，角度有多么独特，连历史老师都连连赞扬；你不知道他不爱说话，却总是在默默地帮助值日生整理卫生工具；平时他也经常帮助同学，大家都好喜欢他。最近的他进步很大，老师和同学们都不曾排斥过他。第二，这一切都证明他长大了，他需要参与感和荣誉感，而家长的过分保护、'包办'，以及过分担忧，反而会让孩子做事畏首畏尾，滋生惰性，缺少责任意识，遇到一点困难就轻言放弃，不愿思考。你不能保护孩子一辈子，你应该给他机会，让他挑战。我相信他一定能和正常孩子一样学习和完成作业。当然，不可否认敏超有时会反应慢一些，但我发现课后放慢速度再多讲两遍，他也能听懂。所以，我相信他一定能做好，我也希望你能相信他，勇敢地帮助孩子实现自我价值，完善自我。孩子在长大，你也不希望孩子一直这样下去，你一直替他'包办'吧！"

此话一出，敏超妈妈瞬间语塞。我拿出了孩子的作业放在她的面前，瞬间她就明白了。

"孩子是你的，你乐意接纳自己的孩子吗？你是选择相信孩子，配合老师一起努力三年，获得满满收获，还是一直让你自己和孩子沉浸在这样的情绪中永远无法站立起来呢？"

在沉默了一分钟之后，敏超妈妈突然在我面前大哭起来。那哭声歇斯底里，像是从地壳深处一下子喷发出来。这是在她内心深处埋藏多年的矛盾、自责、无助的声音。

"阎老师，我不是故意的！我真的是……"她一边哽咽地说着，一边急切地握住了我的双手。

"你放心，你放心，我们一起想办法，我们都是爱他的人，我们也需要信任！"她含着泪使劲点头，哽咽到说不出话来。

在她稍微平静之后，我们坦诚地谈论了孩子的情况、家庭的情况，从生活一直探讨到了针对敏超的配合方案。

在之后的两年里，敏超妈妈把更多的精力放在给孩子辅导功课，并引导孩子独立思考上，再也没有做出给孩子"包办"事情的行为。在平时的班主任工作中，我一如既往地鼓励孩子相信自己、挑战自己。就这样到了初三，我们班一共72个孩子，敏超从班级倒数第2名跃升到了班级第44名。他也变得爱说爱笑了，有秘密也愿意和老师一起分享了。除了喜欢的历史依旧优秀外，还和同学学习了打羽毛球。中考时他不可思议地考到了530分，在降分之后，顺利地进入了师大附中学习。他的父母激动得流下了眼泪。

在进入高中之后敏超的适应力越来越强，三年之后考上了中国政法大学，人也变得越来越优秀，越来越开朗了。

教师是人类灵魂的缔造者，教育更需要真、爱、诚、信，以及良好的性格。理解学生是教育的前提，尊重学生是教育获得成功的基础。不因亲疏、美丑、成绩的优劣来定义学生。真诚地面对家长、理解家长。真心地对待学生、信任学生。努力寻求教育合力，用一己之光点亮学生的心灯，也点亮一个家庭的希望——这也许才是一名人民教师最大的理想和信仰。

扭 曲

西北师范大学第二附属中学　阎丽

伟大的教育家苏霍姆林斯基说过:"父亲和母亲是如同教师一样的教育者,他们不亚于教师,是富有智慧的人类创造者。"父母是我们的第一任老师,家庭教育的成功与否,不一定与父母受教育的情况成正比,但一定与父母的智慧引导成正比。

期中的家长会刚刚结束,刚走回办公室的我,正要端起茶杯,就听到一阵敲门声,随后看到一位家长缓缓地打开一道门缝,笑眯眯地说:"阎老师,打扰您了,我有个事想和您说一下,不知道您有时间没有?""有时间,您进来吧!"我虽然有些疲惫,但还是答应了。她小心地坐在椅子上,说:"我是想向您反映一件事情。你们班是不是有一个叫晓树的孩子?这孩子是不是最近总是交不上作业?"我一下子惊讶起来,心想她怎么知道。她接着说:"他是不是总跟您说没带或者作业本丢了?"紧接着,她小心翼翼地环顾了一下四周说:"阎老师,我告诉您,其实他并不是没带作业本,而是他妈妈把他的作业本撕掉了!""啊?撕作业本?这话是什么意思?为什么会这样?"

这个故事就发生在我第一次当班主任那年,我23岁。被选为新一届初一班主任的我,觉得又惊又喜。接到这个消息后,我一下子就想到了我的初中和高中班主任。那时候我最羡慕的就是班主任老师,羡慕他们能站在讲台上受到学生的尊敬,还能每天给学生讲那么多的知识,真的觉得有趣极了。如今,我也可以扮演他们那样的角色,做一名班主任,拥有一个属于我的班集体,这是多么有意义的事情啊。

在接到这个班级之后,我首先向老一届班主任学习,询问他们一些带班时应该注意的问题,自己也读了很多书。我觉得应该把常规教育放在第一位。从每天的到校时间、早读时间到收交作业时间等,我与学生一起讨论并制定了严明的班规。我认为孩子的好习惯，对他们未来的发展有很大的帮助。

在进行了大概一个月的班级常规教育之后，我发现孩子们初中的学习习惯有了很大的改善。随意迟到、上课随便说话的行为基本消失了，唯独还有极个别习惯改善较慢的学生偶尔有作业交不上的情况，我也是个别督促指正。但是在纠正的过程当中，有一位叫晓树的男孩引起了我的注意。

这个小男孩非常可爱，虽然成绩不好，有时候会贪玩，但是他很聪明，但凡平时有机会我都会与这孩子交流并鼓励他，希望他能够尽快地懂事、成熟起来，搞好自己的学习和生活。在沟通的过程中，我发现孩子有些地方没学会，所以作业总是完成不了，于是我就让他尽力把会写的作业做好交上来，渐渐地他交作业的情况有所好转。正当我觉得"孺子可教"的时候，他的情绪却不稳定了，上课也不听讲了，下课又开始风一样地满楼道乱跑，并经常因为作业本没带、丢了等原因交不上作业。正当我准备观察一下孩子问题根源的时候，却从这位主动提供"情报"的家长的话里了解到了这样一个特殊的情况。她进一步向我描述了事件发生的全过程。

原来，晓树的爸爸妈妈40岁才生的孩子，早年一直在做科研，这个孩子得来不易而且又是男孩，因此他们倍加溺爱。撕作业本的原因是家长每天晚上看见孩子在灯下写作业，熬得很晚，又做不完，他们觉得孩子可怜，就干脆把孩子的作业本撕了，让孩子第二天谎称作业本丢了、忘带作业本以搪塞老师。

听到这，作为班主任的我除了震惊就是愤怒。我强压住自己的情绪，送走这位家长，坐在办公室里非常郁闷。怎么会有这样的家长？连同孩子一起来骗我。更重要的是，长此以往，孩子怎么办？我的班级管理要怎样进行？这对孩子意味着什么？这个影响也太恶劣了，这是不符合中学生行为规范的。作为一名教师，我绝不能让这样违反教育规律的行为继续下去。

于是，下午我找机会试探性地问了问孩子。从孩子那里，我确认了家长多次撕毁孩子作业本，不让他写作业的事实。我平静地想了想，拨通了孩子妈妈的电话。"喂，是阎老师啊，您有什么事？"我明显能感受到她言语中显露出些许的不耐烦情绪。于是，我也就直奔主题，表达了孩子最近总是作业本丢掉、忘带的情况。意外的是晓树妈妈非常淡定地回了句："老师，我让他回来好好找找吧！"好像一副全然不知情的样子。

"晓树妈妈，是这样的，晓树给我说他的作业本不是没写或忘带，而是您给他撕掉了，是这样的吗？"我直奔主题了。听到这般询问，电话那头突然安静了。许久之后一个声音传来："是的，阎老师！"回答得竟然这般斩钉截铁。我顿时气愤，如此不负责任，真想好好训斥这位家长一番。但是我是教师，应有教师基本的素养。我平静了一下自己的心情，说："那您是有什么想法吗？您可以跟我说。我看这样吧，您到学校里来一趟，咱们也好好讨论一下，您看行吗？"我想此时的对话应该是尴尬的，再进行下去就是要吵架的架势了，就这样我们的谈话结束了。

一天后，晓树的妈妈如期而至。说实话那时候作为新手的我心里还是蛮紧张的，心里像揣了只小兔子一样上蹿下跳，我尽力压制住，去面对她。

在那个炎热的午后，我在办公室里与晓树的妈妈进行了沟通。事情不出我意料，他的妈妈就是不想与老师、学校配合，就是觉得学习太苦了，不想让孩子写作业，她觉得这是对孩子的折磨。可是当我告诉她，那样学习效果无法保证时，她又不吭声了。她的内心其实也是矛盾的，既想让孩子轻松快乐，又想让孩子成才。

此次的交谈是没有任何实质效果的，晓树的父母完全把孩子当成了自己的私有物品一样"保护"，这其实就是无法面对自己孩子的不优秀而逃避问题，一错再错。本来已经很生气的我，内心更是失望至极。但是孩子毕竟才十几岁，我不想放弃孩子。

孩子不是家长的私人物品，一个人接受的教育不仅只有家庭教育，还包括学校教育、社会教育，这三个板块相互配合孩子成才才能得以实现，缺少哪一个板块都不行。

我反复地思考，作为一名人民教师，我必须要坚守底线，尽力挽救这个孩子，不管这个孩子的情况有多么复杂。

接下来的日子里，晓树在老师、学校的尽力引导下，有了一些好转，但是由于家庭教育和学校教育无法配合，情况时好时坏，学校也觉得很吃力。孩子毕竟小，还比较贪玩，钻老师空子、钻家长空子的现象屡见不鲜。

直到有一天，晓树的爸爸突然来找我，说学校生活不适合孩子的发展，他要给孩子退学。晓树是义务教育阶段的孩子，脱离学校教育肯定对他的成长有影响。然而，尽管学校极力劝说，家长仍然要求孩子必须退学。无奈，晓树就这样回到了家中。

后来经过打听，孩子在家玩了好几天，而且晓树的爸爸觉得孩子在家也没事情干，无法达到成才的梦想，就在家里自己制定课表，请老师一对一在家给孩子讲课，其中还有体育课和音乐课，就是让孩子自己听听音乐，出去打打球。

在这三年中，我一直在打听孩子的情况，孩子的学习越来越无力。没有对比就没有伤害。但是没有伤害就很难改变，就很难进步。父母是觉得没有伤害了，可孩子在成长，他会怎么想呢？

就这样三年过去了，当我的第一届学生都考上了自己理想的高中时，我又开始惦念晓树的近况了。后来又过了两年才听说孩子没有参加当年的中考，那一年他在家里准备参加成人自考。后来考的情况不得而知。

这件事情在我心里埋下深深的遗憾，这是一种无奈的遗憾。作为教师，我没能挽留住这个孩子，劝说住一个家庭的错误抉择。原本可爱的孩子的一生只能按家长的计划而来，孩子的内心一定充满了纠结与无奈，希望这种情况能早点结束。

孩子不是家长的私有物品，每个孩子的一生都必须要接受三种教育，即家庭教育、学校教育和社会教育。孩子最重要的便是他人生的开始阶段，也就是家庭教育阶段。想要正确地教育孩子，家长就必须要有正确的养育观念，掌握适切的教育方法，合理利用一切教育资源。

伟大女性宋庆龄曾说过这样一句话："孩子们的性格和才能，归根结底是受到家庭、父母，特别是母亲的影响最深。"等孩子长大成人以后，社会则是锻炼他们的外在环境。学校教育也会在他们的一生中起着至关重要的作用。但在一个人的身上永远能看到他的家庭教育是怎么样的，这就是家庭教育对孩子一生的决定性影响。

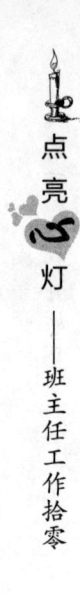

由一本"书"忆起的成长故事

西北师范大学第二附属中学　杨胜兴

提起成长，人们会想到初升的太阳；说起成长，人们会想到含苞待放的花蕾；谈起成长，人们会听到初春时的雨声。今天，我的教育故事要从一本记录一群人的成长脚步的"书"说起。

这本"书"薄薄的，40页，共12 000字，没有正式出版，却在数千名学生中流传；这本"书"模仿《史记》体例，写人记事，虽然部分地方安排失当，错别字时现，却赢得数百名家长的青睐；这本"书"，是一个15岁的少年，融三年初中生活于一体，几易其稿，历时一月手写而成。这本"书"，记言简，叙事赅，如图画般展现了2015届九年级（3）班学生们学习和成长的过程。

67人的班里，每一个学生都有不同的故事，现择要给大家展示。

……

班级运转的中枢、上传下达的功臣王晟急匆匆地来了，"今天该干这个，明天要做那个"。他总是很忙碌，为班级操心，步履却从不忙乱。

"老师，今天这个组卫生打扫及时，明天需要安排清理死角……"她总是一脸严肃、语气委婉、态度坚决。卫生委员狄秋诗从来都是一丝不苟、坚定从容。

"高才"博彦、栾歆、明臻穿梭在教师的办公室，一会儿又笑靥如花地扑向教室。

博学多才的俊彦——冯博彦，一如往日，精力充沛、笑容满面，永不知疲倦。

温婉聪慧的栾歆，总是莞尔，从不张扬，说到做到。

游走于"正邪"之间的明臻，亦如她矫健的羽毛球步伐一般，左右穿梭，润滑同学关系，调节师生情谊。

班级，就是一个小社会，有负重前行的任事者，有独领风骚的领头羊，亦有无意于功名利禄、自得于吟诗作赋者。

爱作诗的左江，正在调整情绪，酝酿诗情。"怎得体"一出，技压群雄。

善表现的楚阳，时时以酷为本色，摆好姿势，想要拍照。

狂傲自大的任彦合，坐在人群里，一番高谈阔论后开始低头苦思，呕心沥血构思班史。

…………

67个人的故事，异常丰富，难以一一说尽。初中3年，1000多个日夜，9000多次课堂，我在和学生的摸爬滚打中，构建了班级，催生了友谊，由最初的"我说你做"到后来的我们一起做，班级变得稳固、和谐、充满活力。罗素说："凡是教师缺乏爱的地方，（学生）无论品格还是智慧都不能充分地或者自由地得到发展。"我们的这个集体，是个有爱的地方，是个师生关系、生生关系和谐的场所。所以，学生能充满智慧地看到同学的优缺点，能有品位地在这个全民读图的时代，用文字记录过往，成功地定格我们共同成长的轨迹，让人很是欣慰。

时光，复刻了回忆；而回忆，则助推我们成长。亲爱的同学们，能和你们一起共度那一段美好的青春时光，我愿足矣！

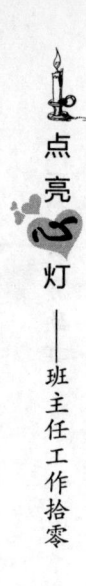

"小蜗牛"，慢慢走

西北师范大学第二附属中学　祁乐珍

上帝给我一个任务，叫我牵一只蜗牛去散步。
我不能走太快，
蜗牛已经尽力爬，为何每次却总是那么一点点？
我催他，我唬他，我责备他，
蜗牛用抱歉的眼光看着我，仿佛说："人家已经尽力了嘛！"
我拉它，我扯它，甚至想踢它，
蜗牛受了伤，
它流着汗，
喘着气，继续往前爬……
真奇怪，为什么上帝叫我牵一只蜗牛去散步？
"上帝啊！为什么？"
天空一片安静。
"唉！也许上帝去抓蜗牛了！"
好吧！松手吧！
上帝都不管了，我还管什么？
让蜗牛往前爬，我在后面生闷气。
咦？我闻到花香，原来这边还有个花园，
我感到微风，
原来夜里的微风这么温柔。
慢着！我听到鸟声，我听到虫鸣。
我看到满天的星斗多亮丽！
咦？

我以前怎么没有这般细腻的体会？
我忽然想起来了，
莫非是我弄错了？
是上帝叫一只蜗牛牵我去散步。

——摘自张文亮《牵着一只蜗牛去散步》

一、探头探脑的"小蜗牛们"

2016年8月21日，这是小蜗牛们刚来二附中的第一天。

"小蜗牛们"认为三年的时间好长啊，有的是时间下课玩耍、上课睡觉、回家耍赖，却不知那些美好正悄悄地从指缝间溜走……

记忆中的你们，还噘着肉嘟嘟的小嘴巴。早上第二节课会饿、下午第一节课会困、占了电脑课会生气、请家长会哭。我拿起戒尺还没想着打呢，他们已经把我不知道的事情全都"招"了个一干二净。天天盼着学校军训、集体看电影、歌咏比赛、诗词朗诵、越野赛、去椒山、去日本、去美国……嗯，实在不行，去操场上转一圈也行……

那时的你们，犹如春天的嫩芽，探头探脑的，不知道泥土外的世界到底怎样。

开学第二天，第一次在四楼会议室开入学教育大会。你们根本不顾及班主任的感受，肆无忌惮地大声说话，兴高采烈地和小学的同学打着招呼，主讲老师制止五次均未果，气得然后扔下发言稿说："我任教几十年了，没见过这么没有纪律性、不会尊重别人的学生！"我的心一揪，这可咋办啊？这些娃娃怕是上天派给我的小恶魔吧！三年啊，我啥时候能熬出头啊？

开学二十天，第二次在这里开会，你们虽然还是很吵，可是态度端正了许多。听说主讲人是两位学长：一位来自德国、一位来自日本。大家都带好笔记本，想把人家的成功经验记下来。

后来我的"小蜗牛们"才明白，成功无法复制，自己流过的汗水和泪水只有自己知道。

时间似乎每天都一样地过着，日出日落。不知从什么时候开始，"小蜗牛们"的个子悄悄地长高了，长相居然也偷偷地变了。岁月真的是神偷啊！

当然，有些"蜗牛"还是没变，比如张馨月；而有些"蜗牛"长得跟换了张脸似的，比如……

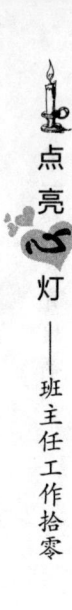

二、茁壮成长的"小蜗牛们"

1. 手拉手、军训、综合实践基地培训

这一届学生是唯一的一届三年内遇上两次军训的学生。他们上山挖过野菜，走过八千米山路，新楼几乎所有的桌椅板凳都被他们上上下下搬了好几趟……在骄阳似火、精疲力竭的背后，他们刚强的意志、吃苦耐劳的本事得到了锻炼，同时，他们也明白了《朱子家训》中"内外整洁""亲自检点"的内涵。也许就是这些吃苦的岁月，让他们铭记，"我们是'二附人'！"

2. 诗词朗诵、合唱比赛

初一时，学校举办"纪念红军长征胜利80周年"文艺汇演，这是孩子们参与的第一次大型活动。女孩子穿着轮滑鞋，男孩子踩着滑板在一千多人的会场里穿梭，丝毫不怯场，惊呆的不仅仅是我，还有观众台上的家长们。

初二时，我们参加了第四届"蔷薇花开"诗词朗诵会，我们班抽签抽到了第一个！我担心我的娃儿们会怯场，说道："有我呢，我们一起上！"我的"小蜗牛们"说："祁老师您站我们后面，这样您就不紧张了！"啊？难道他们能看到我的手在抖吗？

2017年底我住院。新年文艺汇演上孩子们自己给自己鼓劲儿，自己挤出时间一遍一遍地排练……我真的很感谢孩子们的家长，因为我后来才知道，是他们花钱租衣服、找化妆师、给孩子们拍照，配合孩子们完成了演出。正是因为有这一群家长，这个班级才能团结奋进、事事顺利。

初三时，学校举办第五届"蔷薇花开"诗词朗诵比赛。孩子们学习压力大，时间紧张，可让我佩服的是，这些娃娃用两节课的时间排出了一个让所有人诧异的节目《安塞腰鼓》！打的鼓是节目开始前两小时从隔壁附小借的，衣服是前一天晚上刚刚洗干净的校服，手里攥的稿子是早上才打印好的。女孩子负责化妆，男孩子负责舞台效果。那一天，台下的我真的很自豪。看，这是我们九（4）班的学生！这就是我们二附中的学生！

蓦然间发现，不知不觉中，这些"蜗牛"早就长成了"霸王龙"！

3. 少先队退队入团仪式、中考百天宣誓大会

人生需要仪式感，少先队员到团员的过渡，不仅是一个称呼的变化，更是一种责任与担当！一首《时间都去哪儿了》唱哭了台下的孩子，也唱哭了台上的我们。家长对孩子诚恳的祝愿，让孩子更加明白：人的一生真的很有限，一定要用宝贵的时间丰盈自己的羽翼！因为，终有一天自己会老去，要靠自己的毅力坚强地走一段孤独的人生……

2019年3月7日，离中考只剩100天。一种奇怪的感觉涌上心头，是快要毕业了吗？不是才进校没多久吗？大家都突然开始紧张起来了，刷题、补课、熬夜……时间是个神奇的东西，它才不管你喜不喜欢，该走的还是会走。

4. 你追我赶的运动会

一年一度的运动会，是"小蜗牛们"最开心的时候。他们一个个背着自己的壳，拼命地奔跑，生怕别人超过自己。其实他们心里想的更多的是：为九（4）班而战！这是我的集体，这是我在二附中的家！

我们的窦校长，也是我们的窦老师。他陪我们一起会考生物，也陪我们一起拼搏赛场。运动会上，他亲手为我们戴上奖牌，笑得比我们还开心。

这张照片，我凝视许久。张世昌、马博文、李泽同、瞿天宜，四个平日"没正形儿"的娃儿，夺起奖牌时，毫不含糊！这眼神，透露的是男孩子该有的魄力！白驹过隙，寒暑易节，你们，长大了……

她们想当小仙女的时候，你定会觉得她们是从画儿里走出来的仙子。可是，在田径场上，你可千万要小心，你还没来得及看清人家的背影，人家已经到终点了。这是二附中的女孩子——端庄、秀雅、阳光、健康！

5. 一张张奖状

你们还记得吗？每一次考试、每一次竞赛，我们都会有个小型的颁奖典礼。这一张张的奖状，见证你们的努力，更见证你们拼搏过的青春！你吃过的苦、受过的累，终究有一天会以你期待的方式回赠给你。

6. 最亲爱的人

你们可知道，家长会上这一束鲜花，让他们感到何等的荣耀？曾几何时，你们还是依赖于他们的孩子，可是今天，大家分明看到那两鬓添了白发的父母紧握你们的手，犹如当年你们依赖他们一样！孩子，他们的未来就是你们，而你要做的就是努力对待每一天，要对得起这份沉甸甸的爱。

告诉你们一个秘密，体育中考那天，你们在里面考试，你们的父母就站在土堆上焦急不安地等待着。你们知道吗？其实这不是土堆，是粪堆。旁边的垃圾回收站散发一阵阵的恶臭，苍蝇乱飞。小区保安来了好几趟就是"赶"不走不怕臭的家长们。有些妈妈们，穿着裙子竟身姿矫健地爬上小区建筑物的顶端——她们这样疯狂，就是想远远地看你们一眼，什么都不说，只图安心。

她们对你们的爱，是这个世界上最强大的力量！

7. 感念师恩

是他，不畏严寒酷暑、不顾自己身体状况，老骥伏枥，陪着你们在球场踢出你们的未来！是他，带着老花镜、手攥老人机，却让对手闻风丧胆，让你们所向披靡！他就是周实老师——二附中的脊梁，体育精神的真正传承者！

你们的每一点进步，都饱含了你们的泪水、老师的汗水。同学们，有一天你离开二附中时，你才会知道，这里有一群不怕苦、不怕累、不怕事儿的老师——是他们敢于顶着舆论的压力，让你们在拼搏的年纪不愧对青春！让你们明白什么是严、勤、实、恒！

三、所向披靡的小蜗牛们

1. 地理、生物中考"双A"名单

安宁、白烨、曹洋、陈泓西、狄明贤、何浩亨、胡汇婕、胡馨予、黄悦然、寇天娇、李春阳、李麦、李铭佳、李思齐、李泽同、李子昂、刘高元、卢博雅、麻卓然、马延东、齐开颜、任鑫、田一汝、王靖之、王维嘉、王欣瑞、魏哲玄、武军义、徐楠、许曼琳、薛智文、薛竹雅、杨佳弋、杨欣颖、杨雅智、张博远、张今鹤、张兰曦、张馨月、张哲熙、张致康、钟琦、朱思奕、张世昌。

2. 如期而至的月考

一次月考，一次经历，一次成长。

3. 小试牛刀的体育中考

早上七点整学生们在操场开始热身，做引体向上、短跑。一次又一次的实战演练，大家相互切磋方法，相互搀扶安慰——难忘的体育中考、宝贵的同学情。

四、背起行囊的"小蜗牛们"

在二附中的一千多个日子里，我们"焚膏油以继晷，恒兀兀以穷年"。我们不愧对自己，更没有留下遗憾。漫漫人生路，荣耀我的二附岁月。

"小蜗牛们"，不要掉眼泪，一件事情的毕业，就是另一件事情的开始。你看，前面还有好多好多的事情等着你去做呢。三年后、五年后，抑或是更久，当你回想起属于我们的往事，那时你才会真的明白，为什么离校那天我不让你们哭——所谓最好的时光是指拼尽全力不负韶华的青年少时，往后余生，每每想起都会笑着笑着润了眼眶……

"小蜗牛们"，带着我对你们的爱，长长的路，慢慢地走。

散落的珍珠

——中途接班琐记

西北师范大学第二附属中学　祁乐珍

我是个好唠叨的老师吗？我是个好抱怨的老师吗？我是个事无巨细的老师吗？我是个争强好胜的老师吗？我是一个怎样的老师呢？我常常问自己。

我是一位"教育家"，有时讲的故事感动得自己和学生一起哭。我是一个"导演"，每一次学校的演出我能在最短的时间内找到人力、财力的支持，并精准地安排好每一个学生的服装、道具、台词，甚至是表情，时常让自己惊讶地为自己点赞。我是一个"学霸"。我知晓我的学生对这一周数学的二次函数概念理解不透彻、物理的串联电路图不会画、化学的碱式碳酸铜方程式不会配平、英语的阅读理解少做了四篇、语文的"窈窕淑女"的"窈窕"音调读错。我是一个"体育健将"，我和我的学生每天早上一起在操场上做俯卧撑，并坚强地告诉他们体育中考没什么难的，结果晚上回家胳膊痛得连自己的孩子都抱不起来。我是一个"沟通能手"，每天要面对形色不同的家长，尽量让那些愤愤而来的家长欢喜而归，而自己必须要在最短的时间内将心情调整到最佳状态，重新微笑面对每一个学生。

我是卫生管理员、是突发事件调查员、是心理咨询师、是性格多变但人格不能分裂的班主任……

我始终爱着这份职业——它是我安身立命之本，它让我拥有职业遵从感，它能带给我如珍珠般灿烂的孩子们的笑脸，它让我感到自我存在的价值。

我爱这份职业，一如既往。

水塔山下蔷薇花旁
丙申年夏

一、初遇

2015年2月26日，星期四，天气挺冷。

我的左腿刚刚去了石膏。走进八（1）班教室，我心想：小娃，看看咱们谁唬得住谁！

这是新学期第一天，教室里卫生工具横七竖八地躺着，黑板上仍写着上学期期末考试的考场须知，有学生在收假期作业（但更多的在抱团聊天）。我轻咳一声，学生没听见。我又放大声音咳嗽，希望引起他们的重视，学生依然当我是空气。我心生怒气，大声喊道："你们看不见有老师在这啊？"部分学生看看我，回到了座位上。我怕丢了面子，趁着学生还没吵出声来，接着说："我姓祁，是你们的新班主任，从今天……"学生一阵大笑，我气急了却硬压着火，问道："怎么了？"一个胖胖的学生说："祁老师，我们知道，您是我们班更换的第十四位老师、第七任班主任，正好您姓祁，以后我们叫您老七吧。"全班哄堂大笑，前排的小男生跟他同桌说："我们见过的班主任多了，她谁啊？"

啊！我的血涌到了头发丝！

第一次"斗争"，我阵亡了。

二、山不过来，我就过去

两周后，我们的关系有所好转。

不是因为我能干，而是因为他们确实换过太多的老师，所以适应新老师的能力很强。班长跟我说："祁老师，其实我们的冷漠不是针对您，而是怕把自己的信任输出去太多，然后又该换新班主任了。"我心头突然一揪，这些孩子怪可怜的，他们是用自己的方式守护着自己幼小的心。

既然山不过来，那么我就过去吧。

第一件事就是和他们一起设计班徽、班旗、班规、班歌，有了正确的舆论导向，一个班级才算是集体，我要让这些孩子因为有我而感到幸福。

第二件事是给每个孩子建立成长档案盒，里面装了他们优秀的作业和每

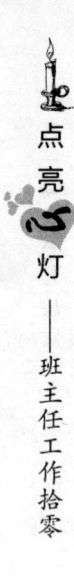

周小计划。我让每个孩子每周星期五放学后给别人的盒子里装进去赞扬这位同学的话。这可以让学生从别人的眼中看到优秀的自己，也逐渐拉近同学间的距离。

第三件事情就是建立班级的足球队，但是有条件：必须自己和西班牙教练用英语交流，我们不找随堂的翻译。一年后这支队伍成了二附中的传奇，同时他们的英语也好得让我吃惊。

2015年3月5日，元宵节，恰逢"学雷锋纪念日"，我们需要一个像样的班训。一个孩子自告奋勇设计了班训"踊者振聋发聩，思者蟾宫折桂"。大家惊呼："任清宇，好有才华，快去参加央视汉听大赛吧！"这孩子羞涩地笑笑说："你们觉得我行，那我就真去报名了。"

接下来的两个月，我们守在电视机前，隔着屏幕陪他杀进了全国半决赛。

而设计班徽的那个小胖子，名如其人——袁瑞海，他在同学们的鼓励下参加了全国机器人大赛，居然拿了甘肃赛区一等奖回来。

那个扛着班旗在学校操场上疯跑的孙杨庚兰，一个月后和他的同伴景旭鸣拿了安宁区一等奖、兰州市3000米第六名、兰州市铁饼第七名。

同学们沸腾了，他们亲身经历并发现信任和赞美居然有如此大的能量！

这座冰山终于慢慢融化了，我心里暖暖的。

三、"后妈"确实难当

期中考试结束，按照常规我们召开了家长会。快结束时，一位家长拍起了桌子："小祁老师，你能不能解释一下为什么给我孙子的数学卷子多扣了2分？我们一家两代人为师大奉献了一生，为什么到我孙子这里，要不停地换老师？你们能不能负责一点！"接着另一位家长也附和道："对啊，眼瞅着初三了，孩子连该和哪个老师学还糊涂着呢！"

出了教室门，我的眼泪一下就出来了。家长对我的不信任，让我寒心。

屋漏偏逢连夜雨，也许是这些孩子习惯长期处于松散的状态，我的严格竟激怒了他们。几天后的一个早晨，一个平日里很随和的男孩作业又没有签字，我问道："你为什么又不签字？"他一反常态，大声喊道："我就不签，咋了？我妈说签字要是能把数学成绩提高了，她天天不上班光给我签字。"说完转身走了。

我对着窗户眼泪直打转。

第二天，另外两个孩子在英语课上睡着了。我把他们叫到办公室谈话，下午两个人居然都不来上学了。家长慌慌张张地跑来说："祁老师，我的孩子今天中午在电话里不知和谁商量，说是打听到您家住11号楼，您的孩子每天早上十点和家人出来晒太阳。我不知他要干什么，现在他在家连我都打，您还是多注意安全……"

什么叫"蜡炬成灰泪始干"？我确实一滴眼泪都哭不出来，只是觉得心死了。

我想，是时候该对这份职业说再见了。

下班后，正在办公室和同事聊这事，突然传来一阵敲门声。我无精打采地开门。一群学生冲进来，带头的是孙杨庚兰。他一把抱住了我，着实吓了我一跳："祁老师我们爱您，我们知道您不容易。"我的眼泪一下子就出来了，他们买了汉堡，说："祁老师，吃了东西才有力气生气。其实我们当您是我们的'妈'，因为只有'妈妈'才能一次又一次地原谅我们的错误。"

估计这是我这辈子吃过的最神奇的汉堡了，它让我在几秒钟内坚定了当老师的信心。

四、我在考场门口等着你们

白驹过隙，寒暑易节，初三就这样来了。

体育正式加入中考了。天啊，那么多的项目，没有一样是我拿手的，怎么办？我不能怕，我退后了，他们就完了。早上七点整，我们一起在操场跑操，我趴到地上给他们做俯卧撑示范，学生激动得直拍手，只有我知道自己的双臂在颤抖。真是恨透了平日不减肥的我自己啊！学生也确实争气，一个个一本正经地开始练习自己的弱项。早读三十分钟，看来是要送给体育了，晚上六点放学，我们一起背当天学过的易错点，把早读时间补回来。

一次又一次的月考如期而至，班里中考的倒计时牌，从天数换成了小时数。大家脸上的笑容越来越少，我不敢多说话，生怕哪句话惹到他们。我觉得自己确实像他们的"妈妈"了。我能做的就是做一些轻松又充满活力的事情。我从前面六任班主任那里找到了他们的照片，做一些PPT让他们开心，又把每个人的荣誉打到红纸上贴到楼道里。到6月份，其实老师和家长能做的就是让孩子有个平稳的心态，其他的我们什么都做不了。

最后一次做操，苏千惠开始哭了；最后一次升旗，他们唱国歌时格外认真；最后一次搬桌子，他们争先恐后；最后一次足球比赛他们没有笑容。直到离校的最后一个小时，我始终没让他们签留言手册，没说一句道别的话，不是我没感情，只是我怕我的眼泪绊住他们前行的脚步。

最后一刻，当我说："宝贝儿们，中考那天我在考场门口等你们！"他们举起一双双小手喊道："祁宝，我们爱您！"那一刻，他们在我心里生了根，我这一生也不会忘了这一双双的小手了。我拿起相机故意挡住了我的脸，眼泪又出来了。

五、祁宝，今天下午我们回来看您

三年的积累，三天的挑战，中考结束了，大家都在等成绩。忽然一日，一位家长打电话说："祁老师，咱们班的班徽图案挺好看的，我找人把它做成了可以别到胸前的真正的班徽。"

终于，有家长肯定我了，我高兴极了。

成绩下来了，学生个个欢天喜地的，我悬着的心也落地了。

转眼，到了2016年9月10日，我正在给初一的新生教怎样打扫卫生，忽然接到电话："祁宝，今天是教师节，我们下午回来看您，毕业的时候您还没给我们签留言呢。"

那一刻，我喜极而泣……

都说中途接班费劲，这一年半，我确实为他们流了不少眼泪。突然想起一个童话故事，说人的每一滴眼泪都是一颗珍珠，我想这五十六个学生就是我散落的珍珠吧，而我，就是要用心将他们串起来，让他们感受拼搏、懂得感恩，更明白人的价值就在于以自己的存在而让他人感到幸福。

第二篇

教育心得

遇见更好的自己

西北师范大学第二附属中学 马成源

此前，从未完整回味过自己的从教历程。现在回头来算，自己在教师这个岗位上已经工作了整整二十九年，年龄也到了知天命的阶段。如果梳理一下自己的心路历程，真如王国维先生说的做学问的三境界那样，既要有"昨夜西风凋碧树，独上高楼，望尽天涯路"的意志和信念，也要有"衣带渐宽终不悔，为伊消得人憔悴"的执着和坚定。而到了现在，也能慢慢体会到"众里寻他千百度，蓦然回首，那人却在灯火阑珊处"的感悟。

一、跳出"农"门，懵懵懂懂成为教师

记得我小时候并不爱上学，到了初中，甚至有过一次短暂的辍学，最终在家人的苦苦劝说下才坚持上完了初中，一不小心考上了师范学校。那个年代，对贫困山区的农村孩子来说，上师范是最好的选择。一来上师范不收学费、书费，甚至连吃饭也是国家供应；二来师范毕业后国家包分配，可以跳出"农"门，端上"铁饭碗"，成为领工资的国家职工。

师范毕业后我又被推荐上大学，最终成为一名初中地理老师。

二、投石问路，揣摩中站稳讲台

刚踏进工作单位时，我心里还是很惶恐的，不知道教学工作从哪里下手。幸好学校专门指派了几位老教师对我们这些刚毕业的年轻老师进行岗前培训。他们从备课、上课、教研、学生管理、班主任工作乃至如何与家长打交道等都进行了认真细致的指导，使我忐忑不安的心稍稍放了下来，甚至还依稀感觉找着了一些门道。

那时候的教学，没有工作量的概念，更没有把工作量和津贴挂钩的概

念。学校人手紧张,我同时担任初一、高一和高二文科班的任课老师。工作量大,备课任务重,更让人头疼的是高中生管理难度大。那些孩子大多天不怕、地不怕,拿起砖头和外边人打架是常有的事,这给初登讲台的我带来了不小的挑战。

我们只有两名地理老师,另一位同事尽管学历不高,但在教学中很有两把刷子。她时不时来听我的课,毫无保留地提出指导意见。我也经常请求听她的课,她很大度地答应了。她的教学方法和教学理念即便放到今天也是毫不逊色的。比如,她在课堂上会采取学生当"小老师"的方法;她会将教学内容分成板块,分组解决;她会在课堂上做演示实验……现在回想起来,我很幸运遇到了她,也很感谢她的指导和帮助。

一年过去了,我觉得自己的教学水平有所长进。第二年开学,我给了高二文科班地理课代表一个意见征求薄,让她组织同学对我的地理课提出意见和建议。我原以为学生会有很多赞美之词,但拿到意见征求薄后我大吃一惊、直冒冷汗,赞扬的同学寥寥无几,而更多的是批评意见,甚至有些意见很尖锐,比如"把课讲成这样好意思吗?""该学学别人是咋上课的""上课简直是受罪"……我的一位大学同学来到我的宿舍,看到这个本子后严肃地对我说:这个本子千万别让你们的校长看见。

我默默地把这个本子收了起来。但上面的批评意见深深地印在了我的心里。冷静下来思考,我觉得应该从自身好好思考一下问题了。首先,我在备课上下功夫,看教学参考,读教学杂志,挖教材内容,分析学生状况,每次的教案都在8K的大纸上写满好几页;其次,开始增加听课次数,向一些有经验的老师请教教学方法;再次,经常和学生交流意见,请学生当自己的"教学指导老师",听他们有怎样的想法。慢慢地,学生认可了我,不再排斥我,我自己也感觉走进了学生的心中。

这次意见征求,使得自己对教学工作有了理性思考,使自己开始拥有了更加淡定的心态,有了直面挫折的勇气。我终于开始站稳讲台了。

三、初具风格,打磨雕刻个人模样

站稳了讲台,工作的压力小了许多。但下一步该怎样继续发展呢?

如果新教师一味地去学习和模仿别人,始终将自己装进别人编制好的框子里,没有创新和突破,终究会迷失自我,失去教学的创造性和个性。就教师个体而言，有人善表达，有人善引导；有人长于画图，有人精于课件制作；有人激情澎湃，有人和风细雨……每个人的个性特长决定了他与众不同的教学风格。新教师入职初期，正是了解自己教学特色、磨炼教学功底、形成自己风格的关键阶段。因而我想，该到了摸索、打造适合自己个性特征的教学风格，让课堂打上自己"烙印"的时候了。

什么才是有自己"味道"的课呢？从学科角度看，地理学科是个文理兼有的、实践性很强的学科，因而在教学过程中，我慢慢形成了"以图导学"和"用实践教学"的风格。

地图是地理学科区别于其他学科的主要特色之一。在地理学习中，地图如同是地理学科的一扇大门，打开了这扇门，学生就能自己走进丰富多彩的地理大观园。我经常给学生讲："会看地图不一定能学好地理，不会看地图一定学不好地理。"同样，教学上也是会教地图不一定能教好地理，不会教地图一定教不好地理。因此在地图教学中我摸索出了"读、描、填、绘、析、转"六法，尤其善用地理"三板"技术，以简便易行、形象生动、经济有效的方法展示地理分布，演示地理过程，分析地理原因，揭示地理规律，在教学中有着事半功倍的效果。

地理学科是一门生活性和实践性都很强的学科，因此，地理教师不必始终蹲守在讲台上，有时候可以把地理学习交给实验，把地理能力的培养交给考察、调研。我经常给学生讲的另一句话就是要善于"用生活中的实践去学地理"。而地理老师要善于用生活中的实践去教地理。

四、凝练主张，"深海钩沉"教学之道

作为一名教师，不搞教学研究，或许能上出优秀的课来，但要想上出有深度、高境界的课，高瞻远瞩地审视地理教育，就必须要进行教学研究。善于做教研的教师，不仅仅能改进地理教学实践，更重要的是通过教学研究可以转变教育观念，探索教育规律，提高教学能力，可以让自己在工作中获得理性的升华和情感的愉悦。正如苏霍姆林斯基说的那样："如果你想让教师的劳动能够给教师带来乐趣，使天天上课不至于变成一种单调乏味的义务，那么你就应当引导每一位教师走上从事教育科研这条幸福的道路上来。"

为此，地理教学"三大刊"和教育类书籍就成了我的案头常客。从中我吸收到了先进的理念、科学的方法、独到的见解，同时将学到的东西与自己的

教学结合起来，进一步创新和发展。

我和工作室的团队，把探索和实施"生态课堂"作为工作室的重点研究内容。

生态课堂即以生态的观点和研究方法来研究课堂。"生态"是个自然科学的概念，良好的生态系统讲求的是和谐、顺应。而我们的教育也要追求和谐、顺应，如师生和谐、生生和谐、师生与环境和谐。教育要顺应教师、学生的成长规律，要顺应时代的发展要求。把生态的概念引入教育是自然科学和人文科学的一次完美结合。生态课堂是回归自然，崇尚自主，整体和谐，交往互动，开放生成和可持续发展的课堂，它表现出自然和谐的特点，教师积极创造民主的、自然的、生活的、活动的、自主的、情感的、趣味的学习环境，建立一种师生间如朋友般的和谐氛围。课堂上表现出来的是环境、师生、课程三者之间相互作用而形成的生态链，其中的任何一个环节因素在开放的系统中不断地与外界进行着物质与信息的交换与交流。这种环境、师生、课程的共生性才使课堂具有了蓬勃的生命力，其最终表现形式是环环相扣、生命不止的循环与全面、和谐、可持续的发展。这就是教学之道。

当我们走进教育殿堂，成为一名教师时，已经把自己的职业生涯与孩子们的未来紧紧地联系在一起了。未来世界的竞争，说到底是人才的竞争，从这个角度讲，我们又把自己的一生同国家的未来联系在了一起。于是，遇见更好的自己，其实已经不仅是教师个人成长的心愿，更多的是国家发展的需要。因此，做好自己、成就孩子、服务教育是我们每位教师肩上的责任。

点亮心灯——班主任工作拾零

孩子，这就是老师眼中的你

——学生操行评语写作

兰州市第十七中学　张兆雄

每到学期末，作为班主任，我最不敢马虎的一件事就是写操行评语，因为每个孩子都想知道一学期来自己给老师留下了怎样的印象。孩子们看操行评语时的期待与小心翼翼，让我不忍有丝毫懈怠。所以每到这时，我就会提前半个月做好计划，一天写5个人的，大概11天就写完了，写完再修改检查一下。

操行评语看似简单，实则复杂。如何在有限的空间内既有肯定又有批评、指正与鼓励、期望呢？每个孩子一学期的表现就像放电影一样在我脑中一个个闪现，我苦思冥想、字斟句酌，有时候一个孩子的评语要想很久很久才能下笔。有时候一个字也写不出来，因为写着写着就会发现没词了，思路一样了，评价的方面也一样了。几年下来，回头翻看这几年写的操行评语，发现字越写越多，快赶上小作文了。现分享几则个性鲜明的学生评语，孩子形象靠大家自己想象一下。

（1）乐观开朗、勤奋的你学习态度端正，学习目标明确。你能做到按时到校，尊敬师长，积极参加班级各项活动；上课发言积极，按时上交各项作业；安全平台学习积极认真，认真参加课间操和长跑锻炼；对于老师交给你的任务完成得很好。如果在纪律方面能做到进一步以身作则，在班风建设中发挥更加出色的作用，老师相信你的学习能力会有进一步的提升。你的潜力很大，你管理能力的进步和为目标而奋斗的决心也在不断改变着老师对你的原有印象，青出于蓝而胜于蓝，希望未来的你是我的骄傲！

（2）这学期你进步很大，用自己的一举一动在班风建设中起到了很好的示范作用。你的管理能力、自控能力、应变能力在本学期均有大的进步，希望继续努力！在按时到校、尊敬师长、积极参加班级各项活动、上课积极发言、按时上交各项作业、安全平台学习方面和认真参加课间操和长跑锻炼方面你给全班同学树立了良好的榜样！无论是文艺汇演、运动会，还是大扫除，你都能积极参与、为班级争光。希望新的一学期，你能进一步激发自身潜能，勇争第一，做个时代的骄子，加油！

（3）你是一个懂事、善解人意的孩子，能做到热爱集体、按时到校、尊敬师长、积极参加班级各项活动、劳动跑操从不偷懒。教室门的开关工作你完成得很好，这体现了你细心负责的一面。你能按时上交各项作业，安全平台学习积极认真，同学关系良好。总体上很有进步。但是你的学习成绩是老师和父母比较担忧的，要尽快调整学习方法和状态。如果在学习方面狠下功夫，树立自信，你会进步更快的！记得好好吃饭，身体不要熬垮了。生活中要勇敢一点，遇到困难时，大胆向老师和身边的人求助，要勇敢面对生活中的风风雨雨！

（4）一学期来你不断进步，学习方向逐渐明确，热情高涨，到校更早了，读书认真多了。但有时你的情绪不太稳定，心情有些烦躁，做题不能安静，还好你及时进行了调整，所以也没有在很大程度上影响你的学习。记得要树立远大理想，勤奋刻苦，奋起直追！若你要实现自己的理想，只有靠自己去奋斗拼搏，去跨越一个个障碍，实现你的一个个梦想。加油！老师相信你会成为后起之秀的！

（5）"宝剑锋从磨砺出，梅花香自苦寒来。"这学期你的进步大家有目共睹，从学习到纪律，你都能逐渐严格要求自己，成绩较为稳定。虽然你不善言辞，但你偶尔的大胆发言也能一语中的，身为英语课代表，你做得很好，成长得很快。在未来的日子里，你更应该充满自信地面对学习中的困难，无论是在课堂上还是在生活中，再开朗一些，再扩大自己的交际范围，让你的天空更加灿烂、美丽。假期一定要记得落实寒假作战计划书，练好书法、普通话和英语基本发音，加强锻炼，广泛阅读，更主动地迎接新年的每一天！

（6）你是一个聪明、有主见的孩子，能按时到校，积极组织同学们参加运动会，上好体育课，积极参加班级各项活动。对于自己认准的问题你很执着，对于自己喜欢的吉他练习你一直在坚持。但是面临中考，一定要重点攻克文化课，中考结束后再坚持自己的爱好。老师教给你的任务你完成得很好，安全平台学习你积极认真。学习方面,你在各科的表现让老师特别着急。你的基本功很扎实,可是这一学期,你失去了奋斗目标,放松了对自己的要求,无节制地反抗父母对你的教育,受不得委屈,听不得老师对你的纪律要求,稍有不如意就上课睡觉,课后你又很活泼地出现在大家面前。多么希望你能以最快的速度调整状态,上课认真听讲,发挥你善解人意的优点,关爱父母,学会和父母交流,做好班干部工作,认真参加体育锻炼,重树威信。学习方面要更加努力,把落下的知识补回来,考上自己理想的学校!加油!

每次看到孩子们看到评语时开心的笑容,看到他们看到评语后踌躇满志的样子,我感觉一切都值了。点点滴滴的评价记录着孩子们成长的细微变化,它是孩子们成长记录的见证,同样也是我作为班主任成长的见证。我在常规管理中的专业写作能力在慢慢提升,希望自己在未来担任班主任的日子里,能更好地用文字记录孩子们成长的过程,记载我们共同的故事与希望!

用爱塑造孩子的天空

兰州东方学校　朱亚辉

目前，由于各种各样的原因，现实生活中出现了越来越多的单亲家庭，单亲家庭孩子的教育成了一个不容忽视的问题。出于一名青年教师的责任感，针对单亲家庭孩子的教育问题，本文列举了我所带班级的例子，发人深思，引人心痛。因为班内存在着这种现象，我相应地采取了一些措施来千方百计地弥补这些破碎的心灵。第一，加强和家庭的联系，说服家长要尽到做父母的责任，使孩子摆脱心理困境；第二，尊重学生，保护学生的自尊心；第三，在师生间、同学间架起爱的桥梁，使学生感受到来自集体的温暖，恢复心理平衡；第四，组织主题班会，激发起学生对生活的热爱，学会自强，提高自我心理承受能力。

作为教育工作者，在关注并指导家庭教育的同时，更要为这些在单亲家庭环境中成长生活的学生创造、提供更好的学校教育环境，引导学生朝健康方向发展，激发其自身主动发展的潜力，从而促使他们的整体素质得到长足发展。

家庭是社会的细胞，也是孩子面临的第一个课堂。社会的、时代的要求往往通过家庭环境，主要是家庭成员的言行，以及由此而形成的气氛环境对孩子的成长起着耳濡目染、潜移默化的作用。

那么，如何让这种失衡的教育重新取得平衡呢？作为教育者的教师，就成了沟通孩子与家长之间不可缺少的纽带。

不管孩子跟父亲还是母亲生活，孩子生活的环境必然有一定的变化，这时就需要家长及时调整思想认识，调整心理情绪，引导孩子对家庭环境有一个正确的认识。面对新问题，要敢于正视，并逐步去解决。

一、案例分析

小A，女，14岁，独生子女，11岁时父母离异，现在跟母亲生活在一起。在家里，她经常一个人躲在房间看书、听歌；进入学校，她和同学的交往也很少，性格比较孤僻，也比较敏感，课堂上很少举手发言。

作为班主任，我看在眼里，急在心里。开学不久的一个晚上，我和她母亲进行了一次长谈，发现了其家庭教育的不足。

对于一个孩子来说，父亲像艳阳，给孩子勇气和力量；母亲像皓月，给孩子温暖和慈爱。家，由于有了双亲而成为乐园。在这个乐园中生活的小A曾是一个天真活泼的孩子，可在她9岁、10岁的时候，父母经常吵架，甚至大打出手，家庭氛围一下子变了，孩子变得寡言少语。父母离异后，生活的担子全落到了母亲身上，而且母亲工作又很忙，因此给孩子讲故事、与孩子交流的时间越来越少。母亲觉得孩子比较乖，就经常让她一个人待着。渐渐的，孩子的性格变了，主要表现为以下几点：

1. 自卑心理

父母是孩子们心目中的骄傲，特别是父亲，在幼小孩子的心中，父亲是百事通，是万能者，是世上最了不起的人。孩子们在一起都会夸自己的父亲如何有知识、有力气，甚至如何有钱。处在一个没有父亲的家庭里，孩子就自然没有这份优越感，自卑感便油然而生，主要表现为情绪忧伤，缺乏乐观进取、积极向上的精神性格孤僻，不爱交际，畏缩胆怯，做事缺乏信心。

2. 猜疑心理

父母离异，家里缺乏温暖的环境，母亲又整天忙这忙那，这使得孩子开始怀疑爸爸妈妈是否还爱自己？同学会不会看不起自己？这使得孩子不能与别人和睦相处，以至于在人际关系上产生种种问题。

3. 逆反心理

原来的三口之家快快乐乐的，生活条件也比较优越。父母离异后，随着自卑心理及猜疑心理的产生，孩子的逆反心理也渐渐形成，一直很听话的她，有时会没有理由地抗拒妈妈的要求，并做出对抗行为。

4. 补偿心理

父母离异，孩子在物质上、精神上都会遭受损失，这时候，孩子就会产生对其他孩子物质、精神生活的羡慕心理，企图重新获得爸爸妈妈的关爱，这就是补偿心理。

二、教育对策

1. 学校教育

什么钥匙开什么锁，心理障碍，只能用心理疏导的方法来解决。作为班主任，我主要从以下几方面对孩子加以引导：

（1）培养孩子的积极情绪

针对小A同学孤独、内向的心理特点，我研究她的行为规律，对症进行医治。鉴于她不能享受双亲家庭孩子同样多的亲情，我便主动接近她，做她的知心朋友，做她的第二父母。平时，我只要看到A同学碰到不愉快的事情，就找她聊天，运用转移法转移她的注意力，同时，我会创造一切机会让她和同学们一起活动、游戏。经过观察，我发现小A有着较强的动手能力，而且心地比较善良，于是我鼓励她参加集体活动，为班级做好事，树立她的自信心。课间活动时，我见她耐力很不错，就让她代表班级参加学校运动会的800米比赛。她见自己的能力得到了肯定，开始慢慢和身边的同学聊天，人也比以前乐观了。

（2）引导孩子感受身边的爱

单亲家庭的孩子，由于家庭的破损而导致了教育的缺损。就像小A同学，父母离异后，她很少得到父爱，妈妈整天忙于工作、家务，给她的爱也不多，她的自卑、猜疑、补偿心理开始出现。为此，我给孩子布置了一个任务：观察妈妈一天的生活。经过一周的观察，她知道了妈妈的辛苦，也感受到了妈妈对她的爱。这时，我又鼓励孩子要学会坚强，学会爱妈妈，做个有骨气的人。同时，我在学习上、生活上给予了她无微不至的关怀，让她知道身边爱她的人并不少。

（3）积极营造和睦的班级氛围

孩子的心理压力很大程度上来自同学。为了让小A感受到学校就是家庭，老师就是父母，同学就是兄弟姐妹，我利用班级小组建制，让她置身于班长所在的小组之中，我与班长进行沟通，通过同学之间的相互影响，消除她的孤独感。而且，我还鼓励该小组的同学与小A做朋友，一起学习，一起玩游戏。孩子置身于群体生活中，许多问题便迎刃而解。

（4）及时解决孩子的心理问题

单亲家庭的孩子往往比较敏感，有些事情会使他们产生微妙的心理变化。因此，作为班主任的我坚持以正面鼓励为主，善于捕捉、发现孩子在心理、行为方面的进步，并及时给予表扬，增加其自信的砝码，使她的生理、心理、学习成绩都得到健康发展。一旦发现异常情况，我会及时跟孩子谈心，了解情况后，马上疏导；有的问题一下子解决不了，就进行更多的调查分析，考虑妥善的解决措施。

2. 家庭教育

家庭不仅是个人生活的起点，也是人格形成的源头。在家庭中，孩子和家长朝夕相处，情感上最依恋家长；家长的影响最直接也最强烈。因此，我定期与小A的母亲进行沟通，并经常给她一些友情提示。

（1）为孩子创造一种愉快的家庭氛围

在生活中我们经常看到离异后独自带孩子的一方千方百计阻挠对方接近孩子，还有些离异后的父母忍不住总要当着孩子的面说对方的坏话，损害对方在孩子心中的形象。小A的母亲也有类似情况。因此，我常建议小A的母亲不要将仇恨的种子撒播在孩子的心中，因为那是对孩子天性和幼小心灵的伤害，不利于孩子健全心理的形成。作为母亲，要多为孩子创造一种愉快的家庭氛围，多给予孩子跟爸爸接触的机会，弥补父爱的缺失。

另外，我还希望小A的母亲有空多陪陪孩子，多与孩子交流，别为了让孩子过上幸福的生活而没日没夜地工作、赚钱，因为孩子需要的不是金钱，而是母爱。千万不能给懂事的孩子造成很重的"还债"心理，使孩子生活得沉重压抑。

（2）给孩子一种容易接受的教育方法

单亲家庭里的父母往往把孩子作为自己唯一的精神支柱，把自己全部的希望、梦想都寄托在孩子身上，要求孩子处处出类拔萃，特别是在学业上，对孩子的教育方法比较简单、粗暴，动不动就打骂，这让孩子很苦恼。记得小A上初一时，有一次数学测验成绩比较差，她因为害怕妈妈会打她、骂她，放学后一个人待在教室不愿回家。那一晚，我又与其家长进行了一次长谈。

首先，家长遇事不要冲动，要给予孩子解释的时间和机会。如果孩子真的做错了，也不该打骂，应该坐下来和孩子一起分析原因、寻找对策，并教给孩子正确的处理问题的方法。

其次，要树立与孩子平等交流的家庭教育新理念。孩子虽小，但她也有自己的思想，只有平等交流，才能让孩子敞开心扉，才能有利于孩子健康人格的形成。

另外，家长还要多鼓励、肯定孩子。小A之所以会变得孤僻、内向，很大程度上是因为得不到父母的理解与肯定。

（3）让孩子多做力所能及的事

尽管孩子还小，但她也有参与家庭活动的愿望，单亲家庭的孩子尤其这样，他们需要得到别人的关注与肯定。因此，我常建议小A的母亲不要因为家务繁多而忽视与孩子的交流。可以让孩子一起参与家务劳动，和孩子边做家务边沟通，及时了解孩子的心理，给孩子精神上的支持。

平时，家长还要多为孩子创设参加集体活动的机会，让孩子主动与他人交往。必要时，还可以请孩子参与家庭对重大事情的讨论与决策，以培养孩子健康、开朗、乐观的性格。

3. 家校互动教育

（1）及时向家长反馈学校教育活动和孩子在校的表现情况，并请家长通过留言及定期与老师沟通的方法交换教育意见和建议。

（2）利用与家长沟通的机会，宣传优秀家庭的教育理念和教育方法，帮助家长转变观念；进行有针对性的心理教育和辅导，使学校与家庭形成教育合力，促进孩子良好心理的形成。

（3）积极发挥家长委员会的作用。家长间的交流与互动，往往能收到更佳的教育效果。在班级家委会组长的支持下，吸收愿意开放家庭活动的家长，定期举行活动，创建家长与家长、家长与孩子交流、沟通的机会，促进家校互动。

（4）组织主题班会，激发孩子对生活的热爱，使他们学会自强，提高心理承受能力。

三、问题与反思

离异是大人的选择，但是这个选择会影响孩子的成长。遗憾的是，随着现代社会物质与文化生活的发展，人们对物质与精神生活的要求越来越高，而家庭这个社会细胞的稳定性却在日趋下降。一个人们不愿接受的现实正摆在我们面前，中国人的离婚率正逐年升高。我所带的班，班中有近十个单亲家庭的子女。而且我还发现，班中的一些学习困难生或行为习惯较差的学生，有不少来自单亲家庭。

家庭破裂导致家庭教育残缺不全，生活在单亲家庭中的孩子往往缺乏较好的生活教养和学习上的指导。同时家庭破裂给孩子的心灵也蒙上了一层阴影，正可谓"城门失火，殃及池鱼"。在过去的日子里，尽管教师、家长、学生都做了不少的努力，也已取得了一些效果，但问题依然不少。在今后的教育教学中，我将继续为他们撑起一片温馨的天空，因为这些娇嫩的花朵更需要阳光雨露的滋润！我要让他们在博爱中健康成长！

脚踏实地勤耕耘　志存高远育桃李

——做一位有追求、有梦想的教师

兰州市第四十九中学　韩林孝

每天进出学校大门，总是被门口镌刻的"体验学习快乐，享受教育幸福"这句话所感动。它令人耳目一新，如醍醐灌顶，如沐春风。这句充满教育智慧的话启迪我：应该努力营造一个书香校园，志存高远；脚踏实地，形成读书氛围；培养学生学习兴趣，享受教育幸福，做有追求、有梦想的教师。

教师应该有怎样的追求？教师的幸福是什么呢？幸福，无疑是一种心灵的体验，我想，教师的幸福绝不是一夜暴富，也不是一饱山珍海味、锦衣玉食的口腹之欲，首要的应该是体验到职业的自豪感、工作的成就感、教育的幸福感、事业的神圣感。教师的追求应该是悦己达人、脚踏实地、志存高远。

孟子说："得天下英才而教育之。"韩愈说："师者，所以传道受业解惑也。"这些让我们引为自豪并为之神往。但是我们中，有"得天下英才而教育之"的自豪感与成就感的又有多少？我们起早贪黑、披星戴月，从早上6点多起床工作到晚上10点可能还不得安睡，天天不是备课、上课、改作业，就是坐班、开会、听课、监考、阅卷、看早晚自习。要是当了班主任，还要早早到教室，安顿学生，找学生谈话，天天得提起百分之百的精神看着那些"活跃分子"，就怕他们搞出一件事情，让你寝食难安，诚惶诚恐。而学生呢，面对你的教育，则不以为意，我行我素。当辛苦的付出得到的竟然是"我们不喜欢你这个老师"时，我们心里还会有"得天下英才而育之"的幸福感吗？还会有"传道受业解惑"的自豪感吗？还能够体会学习的幸福与快乐吗？不能！

这样的生活很累很累，这是我在做教师，尤其是做班主任后非常强烈的感受，这样的生活是我走上教师岗位之前没有想到的。面对你天天为其辛苦付出的学生，你体会不到半点的幸福，感觉到的只有无尽的疲惫、烦恼，这样的感觉让我觉得可怕！这是我从教刚开始几年的心理感受，以后的教学道路还很长，体会不到教育的快乐幸福，我的人生幸福又何在？作为教育者，我都是满心疲惫，又怎么能够培养出身心健康的学生？

教书是为了什么？语文是什么？教育是什么？什么样的教学是理想的教学？什么样的教师是理想的教师？怎样才能让学生接受我的教育？我的幸福在哪里？……对所有这些问题，我曾经都痛苦地思索过，力求寻找出一个放之四海而皆准的模式。

困惑的我，把目光投向了书籍。我阅读《中国德育》《中国教育报》《语文教学参考》《班主任之友》；看李镇西的《爱心与教育》，读于漪、魏书生、叶圣陶、朱永新、陶行知；和八十高龄的李庚南老师面对面交流，聆听她的教育故事，感受她的教育情怀。我也读苏霍姆林斯基、杜威、赞可夫……看大家们的教学快乐，品大师们的教育幸福。看到他们教书，教育学生，是那么快乐，那么幸福，我很是羡慕！从他们的幸福中，我明白了"教育在任何时候和任何地方都不是什么已经完成的和完善的东西"（第斯多惠），哪有什么放之四海而皆准的模式？哪有适用于任何教学内容和任何班级的教育、教学套路？所有的教育、教学，所有的课程，其本身就是一个过程，一种动态，一种求索、努力和挣扎。在这个过程中有得有失，有甜蜜与忧伤，有幸福与苦难，有憧憬与代价。而要做一个幸福的教师，就要学会给自己减压，学会舍弃，舍弃疲惫，舍弃烦恼，减去沉重。"一叶落，荒芜不了整个春天"，拥有一种阳光的心态，才能在繁杂的工作中体验到工作的快乐；拥有一种阳光的心态，才能在喧嚣浮躁的生活中体验到生活的宁静；拥有一种阳光的心态，才能享受到一个教师的幸福。

幸福是一种心灵的体验。这种体验就是需要多读书、多积累，增加文化底蕴。就这样，我开始重新与书籍共舞。我看文学、哲学，我读教育学、心理学。课后，我也写起了教育手记、教育札记。我不断地读，不断地思考，从书籍中寻找工作的思路和方法。慢慢地，我发觉自己工作起来顺多了，教育学生的方法也多了，生活变得快乐了。

说到读书，我更沉醉于那种无功利性的读书。

有些人读书只为升学、为考试、为交差，这几种读书目的是显而易见的，这些绝不是真正意义上的读书。为升学而读书，这是无可奈何之事，就如所谓"敲门砖"，门"敲"开了砖头就会扔掉。为考试而读书，是上班族常常要做的，譬如业务考试、职称考试、学位考试等，大多数人的目的只有一个，那就是通过考试，而不在乎能学到多少东西。

我们教师应该是上班族中比较特殊的一类，我们肩负着很重的责任，我们更应该多读书、读好书。我们可千万不要为了应付而读书，我们应该利用业余时间，深度阅读，为自己充电，使自己成为一个更有学识、知识渊博的人。

我一直怀念那年少时期的读书岁月。

我在农村长大，记得上小学的时候，家里书很少。从同学那里得到一本《西游记》，那时的《西游记》可不像现在这样有许多插图，全是文字，而且还有好多字不认识，可我还是如获至宝，欣喜若狂，硬是把它"啃"完了。从此，我满脑子都是对猴哥神通广大的神往。

到了初中的时候，我看到老师那里有一本《毛泽东诗词》，翻了两页便爱不释手。借到手以后，就动手抄，结果真的抄了厚厚的一本，我喜欢得颠来倒去地读啊背啊，从学校到家的田间小路上，留下了我"才饮长沙水，又食武昌鱼"的吟诵；在晨光暮色中，回荡着我"红雨随心翻作浪，青山着意化为桥"的呢喃。直到现在，当遭遇到人生的挫折打击时，我还能用"不管风吹浪打，胜似闲庭信步"来激励自己。

再后来，我就像一头饥饿的野兽，到处觅食，读《红与黑》，与主人公同喜同悲；读《白鹿原》感受中国农民在传统与现代精神中的挣扎；读《平凡的世界》，感受困境中人们之间的爱与温情；读《穆斯林的葬礼》，触摸中华文明与伊斯兰文明的交融；常年订阅《读者》杂志，并把好的文章推荐、念诵给学生。唐诗宋词让我徜徉在优美的意境和和谐的韵律之中，辞赋又让我感受到泱泱中华文明的博大与浩瀚，增强了我作为中国人的自豪感……这些积累让我在语文课堂上信手拈来、如鱼得水。当看到学生那仰慕的眼神、钦佩的目光，我知道这一切都得益于读书。我的生命因读书而显得精彩！

但令我感到惭愧的是工作以后所读的书就数量而言和学生时代是根本无法相比的。在繁忙的工作中，我陷入分身乏术、没有时间读书的困惑中。每天的时间被大量的工作任务挤占，或被许多琐碎的事务分割得支离破碎。以我自己为例子，我每周上12节课。每天上2节课，需要2~3小时备课，两小时处理作业和有关学生的事情。另外，还要上晚自习辅导课。每天在校的时间里，除了备课、看教学参考资料外，是没有时间读其他书籍的。课余时间身心疲惫，还需要休息、忙家务，以及适当地放松一下。周六、周日还要忙家里的众多琐事，留下能读书的时间也就所剩无几了。在这种情况下，我很容易找到没有时间读书的理由，对于没有时间读书我也感到心安理得。

直到有一天我看到这样一个榜样，他教我解决没时间读书的问题。他是加拿大著名的内科医生奥斯罗。这位博学的多领域专家，被人称赞创造了生命的奇迹，他终身与书为伴，每天睡前一定要读15分钟的书。15分钟可以说是微不足道的，但算一算这一本读书的账目，相信大家会和我一样吓一跳。假如一个中等水平的读者，读一本一般性的书，每分钟能读300字，那么15分钟就能读4500字，一周能读3万多字，一个月有13万多字，一年的阅读量可达160万字。奥斯罗的15分钟读书，坚持半个世纪从未间断，阅读数量达1000多本。试想，如果我们一生中能好好经营这15分钟，那该是多么美好的一件事情。一生能够善待15分钟，何愁没有充电的数量和质量？

那种没有特定的指向，单凭自己的兴趣，择己所好，有所会意，有所感受，甚至像陶渊明所说的"每有会意，便欣然忘食"的境界，使我更愿意投入其中。我所说的要读的书，不仅仅局限于报纸媒体的书刊，凡是对我们有益的书我们都可以拿来读。

说了那么多，到底为什么读书呢？这本是一个仁者见仁、智者见智的问题，我希望能与爱读书人士做广泛而深入的交流。在此我简单地谈谈自己的体会。

首先，读书能树立形象。一般人依靠化妆来装扮自己，或以名牌来炫耀自己，我则认为大家应学习做个读书人，以读书来树立自己的品牌，以读书、写作来树立自己名牌的形象，重视人格的尊贵，超越富贵与名利。

其次，读书能改变气质。腹有诗书气自华，气质使一个人显得态度优雅、雍容华贵，这是拿钱买不到的。暨南大学教授李家同曾说："一个国家若不增加教育经费，将来经费就会用在监狱方面。"可见，教育能增加道德人格的尊严。

再次，读书能助人认识自己。人有两只眼睛，能看别人，却看不到自己。我们读书，是因为书中有理，有婉转曲折的学问，读书能明心见性。读书犹如坐禅，能让人认识自己，认识人生，认识你、我、他，认识世界。

书给我启示，伴我成长，也开拓我的视野，增长我的见识。书籍是我的老师，给了我无言的教诲；书籍更是灯塔，照亮我前进的方向。读书是一种享受，是一种幸福，读书可以明智，可以修德，可以养性，可以育人……读书使我的生活中多了乐趣，多了朋友。读书，是我人生旅途中一直有的爱好。

多年的勤奋读书使我取得了可喜的成绩：我在国家、省、市级刊物发表论文多篇并获奖，荣获甘肃省骨干教师、兰州市市级骨干教师、兰州市市级初中语文学科带头人、兰州市优秀班主任、兰州市四十九中优秀教师、师德先进个人等光荣称号，参加人民教育出版社兰州—南京名师名班主任高研班学习并被评为优秀学员，承担兰州市市级初中语文教师培训公开课，承担西北师范大学培训学院"国培计划"、兰州城市学院培训学院校长影子培训工作，参加上海真爱梦想基金会的培训和听评课工作，聆听钱梦龙讲座，和特级教师肖培东交流，和江苏教师同课异构、送教下乡，等等。我始终没有放弃学习的机会。2019年秋季我校初二年级参加"长歌行——古城西安研学"之旅，在大雁塔下诵读我写的《西安大雁塔》一诗，同行老师发来视频，在临夏州支教的我看到真是十分激动。我所带学生很多在求学之路上和参加工作后始终保持读书习惯，和我交流时常常说我的读书习惯影响了他们，他们在各行各业都努力拼搏，取得了可喜的成绩，尤其走上教育工作岗位的学生更是让我自豪欣慰。我觉得这都是读书的力量。

曾经听说这么一句话：我们社会的前进不在于忙忙碌碌，而在于静下心来好好想一想。我想，对于我们教师而言，在漫长的教育教学生涯中，不仅要埋头苦教，更要抬头看路，认识自己，认识人生，认识你、我、他，认识世界。

长歌一曲，上下求索。脚踏实地勤耕耘，志存高远育桃李。我要继续做有追求、有梦想的教师，悦己达人，谱写精彩人生！

中学生信息素质培养应遵循的几个原则

兰州市第四十九中学　韩林孝

在信息社会中，信息素质成为现代人的基本素质之一，如同传统社会中要求人们具备读、写、算能力一样，它是每一个公民的必备素质。中学生的信息素质教育是现代信息社会对基础教育的要求，是适应21世纪挑战的需要，也是当前教育教学改革与发展的迫切需要。因此，中学生信息素质培养应遵循以下六个原则。

一、联系实际原则

培养中学生的信息素质，不仅要求他们很好地掌握信息知识和信息技能，同时还要联系生活经验和已有知识、能力、兴趣、品德的实际，联系信息技术在生产建设和社会生活中运用的实际，联系当代最新科技成就的实际等，把所有知识运用到实践中去，在实践中不断发现问题、分析问题、解决问题。

二、因材施教原则

各地发展不平衡，社会和家庭提供的信息技术环境条件不同，学生个人的兴趣、爱好有差异，因此在培养中学生信息素质的过程中，既要有统一要求，又要考虑学生的个别差异，使每一个学生在各自原有基础上都有所提高。在理论教学中，教师不能一味地讲述同一难度的问题，应分层次对症下药。对于优等生可以提出一些提高性的题目，指导他们上机完成；对于中等生，要指导他们上机练习和巩固本节课知识；对于当前水平不高的学生，教师要给予重点辅导，帮助他们掌握基本知识，使他们都有不同程度的发展和成长，特别是农村学生，他们底子薄、基础差，就更应该对其加强指导、强化训练，使他们能够循序渐进逐步提高。

三、直观性原则

直观性原则是指在中小学生信息素质培养的过程中，依照中学生的认知和思维发展规律，通过具体的事物和形象，引导学生对所学知识充分感知，进而抽象概括，上升为理性认识。教师要从实际出发，运用直观性的语言和其他更具直观性的教具，使学生获得具体认识，形成鲜明表象，为思维的发展打下基础。

四、发展性原则

发展性原则是针对信息技术发展的现状及培养学生能力的需要提出来的。信息技术以前所未有的速度向前发展，尤其是计算机技术的发展，更是日新月异、一日千里。这要求人们必须不断更新信息技术知识和技能。所以，应注重培养学生的实践能力、创新能力、自我发展能力和终身教育能力。信息技术飞跃发展，许多概念的内涵和外延也随之改变，这就要求教师应密切关注学科发展动向，多阅读新资料，多使用新软件，不断丰富知识、提高能力，向中学生传授新观念、新知识、新技术和新思维。

五、协作性原则

有效的协作能够使人们更快乐、更充分地投入到学习中去，并能分享他人的思想观念和思维方式；有利于激发动机、改善思维，帮助人们加深理解，相互促进。信息技术的飞速发展，特别是多媒体技术在教育教学中的广泛应用，使师生之间、学生之间、学生与其他陌生的专家之间、学者和学习者之间相互交流学习的机会大大增多，团体共建、合作学习、小组协作等多种方式更为灵活多样，资源得以共享，信息得以沟通。因此，在培养中学生信息素质时应遵循协作性原则，加强师生之间、学生之间的讨论、交流、合作。

六、系统性原则

整个社会是一个大系统，由包括教育系统在内的众多系统构成。培养中学生的信息素质，不仅是教育部门的责任，也是国家、社会，以及其他部门共有的责任。学生信息素质培养不仅是教师的任务，也是教育学家、心理学家、教育行政人员、计算机专家和学生家长共同的任务。教育学家、心理学家要深入研究学生心理、思维等状态,计算机专家须加强指导,教育行政人员要积极配合,学生家长要全力支持……只有各方面协调一致,共同努力,才能高效率、高质量地培养中学生信息素质,才能满足现代信息技术高速发展对教育的要求。

如何组织有效的班级及年级活动

西北师范大学第二附属中学　苏俊锋

班主任是一个班级的管理者，在班级中发挥着重要的作用。而班级活动的成功与否则关系学生学习的积极性、主动性、创造性。有效的班级活动可以调动学生的积极性，加强班级凝聚力，促进学生的班级归属感，增强学生之间的友谊，同时也能为学生们营造一个良好的学习氛围，促进学生的成长。总之，班级、年级活动对学生身心发展起着重要作用。

班级活动一般包括主题班会、节假日活动和学校组织的大型活动，如元旦文艺汇演、英语风采大赛、"蔷薇花开"诗文朗诵会、运动会等。班主任作为一个班的管理者，对学生起着至关重要的导向作用。班级活动要按照本班的实际情况和学生的意愿来开展，比如，有时候为了缓解紧张的学习气氛，班主任可以组织一些班级内部的歌咏比赛、英语演讲比赛、知识问答竞赛、趣味游戏、学科学生讲坛等活动。

班级活动的开展须注意的问题大概有以下几个方面：

班级活动准备时间不能太长，以一周为宜，避免影响正常的学习。像办完运动会、文艺汇演等活动后，作为班主任，我们曾发现有很多负面效应随之而来，如学生过于投入，一时还不能把思维从比赛和演出转移到学习中来，因而落下了许多的功课。我在和几位学生聊过后，发现运动会之所以会对学习有如此大的影响，跟准备时间过长和同学们的情绪有一定的关系。

活动的频率要适宜，全校性活动的参与人数应该根据班级实际情况而定。有些活动可以让小部分同学参加，有些活动最好全班同学都能够参加。例如去年年底的文艺汇演，我班上的节目是"三句半"，只有4个同学参加，原因是初一的孩子刚组成新的集体，我不太清楚班上学生的个人才艺，而且他们自己年龄小自我组织能力欠缺，协作能力也还不够，再加上当时期末考试尚未进行，人数太多的排练只会耗时、费力且控制起来太费劲，所以我就选了4个同学排练节目。节目内容是班上的日常事儿，过程简单，组织起来容易，还得了一等奖，树立了班级荣誉感。本学期的英语风采大赛，因为上次的节目参与人数少，这次就不能再图省事了，必须把机会给予"蠢蠢欲动"的大多数孩子，培养学生的集体主义精神。合唱、朗诵是学校规定的形式，人多力量大，每个学生都要参与，这样能够培养他们的集体荣誉感和主人翁意识，而且这也是增进学生之间友谊的最好办法。

班级活动要有一定的教育意义，要有自己的特色，能使学生在这些活动中展示风采、感受快乐，并能起到一定的教育效果。活动一定要传递正能量，让学生做一个对未来充满理想的人；要能从另一方面鼓励他们，为自己的理想奋斗。我觉得在班级活动中可以借鉴这些成功的经验。

活动多了，班主任也累，这时就要放手交给班干部，注意培养班干部的组织能力。不管是校园文化艺术节还是田径运动会，凡是比较大型的活动，班主任都要注意把班干部组织起来，进行明确的分工。如让体育委员负责报名和动员工作，让宣传委员负责写稿，让生活委员负责买饮料和点心并分发给每位同学，让卫生委员负责好当天的会场卫生事宜。对于班长和其他班委则让他们负责全部的协调、组织和监督工作，使每项工作都具体到位，责任明确。这样一来，在运动会时，由于准备工作比较充分，当天就会忙而不乱、井井有条，既能取得较好的比赛成绩，班干部的能力也得到了锻炼和提高，整个班级也体现了良好的精神风貌。同样，对于校园文化艺术节这样的大型活动，把项目分类，由不同的班干部进行组织协调，负责到位，既可以锻炼班干部队伍，也不至于把任务集中到几个人身上，影响正常的学习与工作。班级活动分工明确还可以减轻班主任的负担，让老师有足够的精力去思考教学工作。班主任应大胆地做到权力下放，这不仅是对学生的信任，而且有利于培养班干部的能力。学生是班级活动的主要参与者，对于活动中出现的问题能够及早发现，对相关问题做相应的处理，活动才能够继续进行。

组织活动，还要学会借力打力。班主任可以整合身边的教育资源，或求助于网络，或借力于家长，让活动不拘泥于之前的套路，要创造性地去设计开展活动。例如，初一年级的英语演讲比赛，有海报造势，有家长评委，还有学校毕业生客串表演，等等。

班主任要有积极的心态。虽然在日复一日、年复一年琐碎的班主任事务之下，我们都有点职业倦怠，尤其是在低年级的班级，班干部能力还不够强，班主任更是要多费心思，活动的整个过程都要亲力亲为、面面俱到，但班主任的态度对学生起着至关重要的作用，因此必须"满血"工作。班主任的作用首先是一个"范"，在你做示范的同时，班干部和学生就会跟着学到一些方法，从而提高自身的能力，今后再有类似的活动时，就可以独立完成了。此外，我认为班主任的积极参与还可以大大地激发学生的热情。举个简单的例子，我校运动会时校方总会统计各班的广播稿件。有些班主任觉得无所谓，不给学生做要求，甚至在自己的学生面前说一些消极的话，结果全校集合时，在别的班稿件数目是几百上千的情况下，他的班稿件只有几份，宣读完毕时场上一片哗然。可想而知，鼓劲费事，泄劲容易，下次碰到类似活动，有了曾经的消极的种子，作为班主任再想给孩子们正能量的东西，难度就加大了。同时，组织的集体活动一定要让其效力最大化，宣传造势必不可少，让学生、学校老师、家长知道你做了些什么，他们才会配合你的教育，达到最终的教育目的。

素笺传真情　共写促成长
——谈谈师生共写在教育实践中的作用

西北师范大学第二附属中学　卢燕

在现代信息技术高速发展的今天，书信这种略显麻烦的交流方式已被很多人坦然摒弃，但其实，文字最擅长拉近距离，书信慰藉情感的作用不容忽视。

君不见，古有吴均、陶弘景用书信向朋友表达寄情山水、远离世俗的志趣；近代有曾国藩用书信教育孩子修身养性、为人处世的方法；国外有苏霍姆林斯基用书信教给女儿理智地理解爱情；国内有傅雷写给儿子的一份份书信，既有艺术的指导，也有生活细节的提醒。殷殷严父意，拳拳爱子心，在一封封书信中展现无遗。

一、书写《今日留痕》

决定让学生写《今日留痕》，是想为他们留下可以怀念的青春年华，文字就是这段青春最好的见证。班级中发生的趣事、同学的糗事、鼓励同学去努力的倡议书……读同学写的《今日留痕》已经成为大家每日盼望的快乐时光，在这样的欢笑和沉思中，大家的心紧紧连在了一起。我写了《愿有岁月可回首》总结学生的写作，鼓励他们继续书写心声。

二、互写评语

《成长记录册》中有一页"同学眼中的我"，绝大多数学生都是自己填写，多是没有生命力的文字，类似政审材料。我试着和学生进行一次浪漫的评价活动，以座位周围的四位学生为一组互写评语，要求大家以自己的眼睛去观察，以自己的心灵去感受，以自己的语言去表达，写出同学的个性，写出同学情。结果比我预想的还要好。平时很多人总是埋怨孩子们缺乏观察力，感情粗糙、不懂感恩，但通过互写评语，你可以感受到孩子们的感情是多么细腻和敏锐，多么宽容和善良。同学的一颦一笑在他们的笔下都如此灵动而自然，没有人回避同学的弱点，但没有嘲笑与奚落，人人笔下都充满了善良的幽默和温情的提醒，字字活泼快乐，笑语盈盈。在学生们创作的基础上，我对学生的评语进行了再创作，完成了老师寄语。这样的寄语，拉近了同学之间的距离，拉近了师生之间的距离，使大家的心紧紧凝聚在了一起，相信很多年后，这些文字更是难忘的回忆。

三、书信代师心

读着学生的文字，我也产生了去写的欲望，完全是情不自禁、心之所至。你的周围是一个个或乖巧，或淘气，或幼稚，或成熟的孩子，他们每时每刻都在诞生故事。有一天，你发现，如果不把他们写下来，简直就是暴殄天物。就像有一股神秘的力量推动着我一样，我出发了，开始写了，无任何功利性，仅仅是因为生机盎然的班级生活不断地温暖着我、震撼着我、魅惑着我。这些文字，都是"好雨知时节，当春乃发生"。在他们犯错需要教育的时候，我就给他们写信；平时细心观察学生的一言一行，发现学生身上的闪光点，就写信表扬，并发送到班级群里；班里有重大活动，我写信记录，给孩子们的成长留痕。

（1）在班级整体需要凝聚、需要营造积极阳光的班风时，我给他们写信，书信似火炬聚合了孩子对集体的温情。

班级每学期要颁发班级贡献奖。初二下学期时王一舟和汪晋弘同学获得了特等奖。这可是极佳的教育契机。我给他们写信，分析以上两位同学被大家认同的原因，引导他们明白以后如何做事、如何做人。

初二让学生自选同桌，有人成为香饽饽，有人没人"要"。教育的契机又来了，我给他们写信《有人愿意和你坐吗？》，引导部分同学认识问题，改正缺点。

当班上有学生考试作弊，有学生碍于同学情分，考试时给别人提供答案，平时让同学抄他的作业，我给他们写信《做好人，但绝不能做滥好人》，教育学生做人做事要有底线，要避免伤害自己和他人。

当部分学生经常迟到，不能按时交作业，作业本上不写名字，没有利用零散时间的意识时，我给他们写信《千里之行，始于足下》，告诉他们细节决定成败，小事做好了，才能做好大事。

当学生考试成绩不理想，有学生自认为已经很努力了可成绩还是上不去，有学生是学习方法不得当时，我给他们写信《找准问题各个击破》《你敢于直面惨淡的成绩吗？》，引导他们调整心态、找准问题，争取成绩有所突破。

（2）在孩子们春心萌动的时候，我写信引导他们穿越青春期的迷雾。

初一时，我专门给女孩子开了名为"女孩如花铿锵绽放"的班会，教育女孩子要自立、自强，有大胸怀、大志向。初二时，我给他们写信《珍惜单身时光，享受青春年华》，让男同学给女同学过节，引导他们把青春期的男女之爱升华，在表达博爱和享受博爱中，成为青春情感的主人。

女同学在作文中写道：虽然男同学在为我们准备惊喜的时候会露出星星点点的端倪，但带给我们的不仅仅有感动，还有对男生的感谢，感谢他们的有心、他们的努力。男生的努力也不是一句话可以带过的。除了他们很多次中午早来排练，最让我感动的是彭苇航自己编写了小品，并把它演了出来。男生一直在极力掩饰带给我们的惊喜。有一天，我看见代宸宇桌子上有一个剧本，我随口问了一句，这是啥？可他有些慌乱地把剧本塞到桌仓里，说是音乐老师让他们演的音乐剧。虽然女生已经知道他们要干什么，但都装作不知道，享受被呵护的喜悦。

（3）在孩子们只会索取、不懂感恩时，我写信引导他们理解父母之爱。

前几天我让学生观看《包宝宝》并写读后感，许多孩子写了父母的独断专行和自己的委屈。我们的孩子，大多从小浸在爱的蜜罐中，认为父母对自己的好是应该的，时时应该顺着自己。父母有一点点问题孩子都会锱铢必较，认为自己受了天大的委屈，不懂得包容人，不会理解人。为此，我写了《愿我们彼此能温柔相待》《让爱回家》，让孩子理解父母之爱，感恩父母的付出。

（4）记录班级重大活动，为孩子们的成长留痕。

初二时，整个年级去新区中小学生实践基地进行为期一周的"生存教育实践拓展"。孩子们离开父母，来到一所半军事化管理的学校，出乎意料的是，孩子们很快适应了这里紧张的训练、学习和生活，表现比我们想象得要好。我写了一篇《纸上得来终觉浅，绝知此事要躬行》来记录他们成长中的事件。

这样的写作，改变了我做班主任的态度，使我不经意间摒弃了粗糙、简单的教育方式；把阳光、温情注入班级管理中，也让我越来越阳光温润、自信乐观。

初二对于孩子们来说，是个很不寻常的阶段。心理学上有个专用名词叫"初二现象"，意在告诉每个为师者，如果你的学生在那一年出现叛逆、盲目、易受外界影响、情绪容易激动暴躁、成绩两极分化、违纪违规频繁、存在心理障碍等情况，都属正常。通过这样的师生共写，有效地疏导了他们的这些不良情绪，让孩子们越来越阳光，班里正能量足，班风正。初二换了数学老师，虽然学生对幽默风趣又尽职尽责的赵老师依依不舍，但也能理性对待这件事，积极配合祁老师的教学，没有因为换老师而影响学习，或引起班级波动。同学之间即使发生矛盾，在我幽默风趣的调节下，"一笑泯恩仇"，不打不相识，还成为好朋友。冬季越野赛时，三班的"飞毛腿"代宸宇生病了，我再三叮嘱让他休息，可这小子背着我去比赛，还拿了奖回来。他说怕班级拿不上奖，他回去再吃几天药就好了。我听了心里是满满的感动，多好的娃呀！初三时换了英语老师，孩子们自发买礼物送给马老师，礼物虽轻，但这份心意弥足珍贵。

英语风采大赛的时候，我走到自己班队伍后面，看到了学生给我准备好的凳子；有冷风吹过来，一个孩子赶紧递上了校服给我穿；去买水的学生也给我买了一瓶；去教室，总有学生给我好吃的。还有很多很多令我感动的细节，因为记忆衰退都随波流去了，但我心里知道，你们是有情有义的孩子，是值得我付出的孩子。

这样的师生互写，感动了家长，他们也参与进来，积极配合老师教育孩子，为班级管理输入正能量。廖敏靖的妈妈说："感谢您让我们这些做家长的也有幸拜读您的文章！文章写得情真意切，相信对每一位父母在教育青春期孩子如何正确对待早恋问题上有着莫大的帮助！感谢我们的孩子有您这样责任心强的好老师，因为您真爱这些孩子们。这些文章对树立良好班风有着积极的作用，更是一种正能量！一个有良好班风的集体，是学生高效率学习的保障。我们做家长的非常愿意积极配合老师，帮助孩子们健康成长！再次感谢卢老师母亲般的慈爱和对学生的呵护。"

有人说，班主任工作需要用心、爱心、耐心和真心，我在用心的同时，也收获到了学生们的关心、贴心和暖心。谢谢你们，当我走向你们的时候，我原想收获一缕春风，你们却给了我整个春天。

今后，我还要给他们写"情书"——有感情的书信。有爱就要大声说出来；有感激之情，我也要大声说出来。

愿我们彼此能温柔相待

西北师范大学第二附属中学　卢燕

前几天让学生们观看《包宝宝》并写心得体会，被人世间的这种人伦亲情所感动的大家，在作文中表达了对父母深深的感激之情。但许多学生也写到了父母以爱的名义对自己的管控，希望父母能适当放手，给自己成长的空间。

前段时间有媒体报道，有位妈妈辅导作业时情绪激动，引发中风被送到医院。还有一位爸爸辅导作业时崩溃，对儿子大打出手。中国式辅导作业已经成为热点问题，教育部门也制定政策，以援助这些焦虑的父母。

当了小学生的家长，开始投入辅导作业的"万里征程"中时，我才发现，高考、失恋、工作不顺心……当年我觉得天大的事和让我痛苦伤心焦虑的事，算个啥事呀！你用温柔的、近乎谄媚的语气让他做套卷子，他一声不吭；你觉得这是一个极好的作文素材，随便可写300字，他只写了一行，完全的电报体；你催促他快点写作业，他自顾自地玩玩具……你只有强压怒火，心中默念：亲生的，亲生的。

在一线当老师，我发现绝大多数中学生的家长更可怜，愁孩子考不上好高中、好大学，愁孩子早恋分心，愁孩子打架惹祸。还要随时受孩子的气，起床气、考试焦虑气、无端烦躁气……事事都成气，气气都要命。《包宝宝》里的"小包子"不让妈妈随便进他的房间，和朋友聊天躲着妈妈，一言不合摔门而去。有学生惊呼："这分明就是我呀！"

原来时时都黏着你的小屁孩；睡觉时搂着你的脖子，把所有的秘密都告诉你的小屁孩；你哺乳过的、给他洗过澡的小屁孩；原来那么乖巧可爱的孩子，突然变了。你们共处一室却无话可谈，你们向往接触却找不到桥梁，你们渴望表达却没有语言。

你们和孩子深深相爱，却不能彼此喜欢。

为何父母和孩子的关系变得如此剑拔弩张？

想来想去，除了一些社会原因，还是父母太爱孩子了，这种爱强烈到让人窒息，让人失去独立人格。

几乎所有的父母都像"小包子"的妈妈那样呵护孩子，尽自己的全力给孩子最好的生活。有哪个父母愿让孩子在竞争中落后于别人甚至掉队？可问题是人与人之间有差异，有兴趣爱好差异，有基础的差异，怎能个个成学霸，个个成精英？可哪个父母会轻易接受这个事实？这比接受自己的平凡残酷多了。所以父母就用"洪荒之力"辅导作业，报课外班。结果家长焦虑，孩子压力大，亲子关系不再是母慈子孝。教育部能下红头文件，但家长无法给自己松绑。

有人说，"小包子"的妈妈太专制，控制欲太强，不懂小孩子的心思……可是没有妈妈，我们怎么学会走路、说话？怎么长大？我们学会读书写字，在这里高谈阔论，全是因为我们的妈妈。记得有一位家长在给孩子的信中说："我们的心全在你们那里，这是时代给予我们的幸福与苦恼，我们无法选择。"这句话深深打动了我的心，希望也能打动你们的心。

短片的最后，"小包子"回家了，跟妈妈和解了，他们彼此亲密地依偎在一起，吃着甜甜的蛋糕。希望孩子能理解父母，也希望父母能做这样的父母：爱孩子，但要理性去爱。希望如诗中所言：

如果前方有一条

我曾经跌得面目全非的路

而你执意想要去

我希望我爱的方式

不是拼命拉住你说

不要去不能去

而是给你准备最耐穿的鞋子

备好雨伞

告诉你第二个路口地很滑

第五条街道上有小偷

告诉你

去吧

回来家里有饭

我想最好的爱

应该是我爱你

而你是自由的

那些以爱之名强加的束缚

如果对方拒绝接受

便是一种伤害

尤其是面对青春期的孩子

有些时候

顺势而为是更好的选择

尽管这样让你觉得

并不尽善尽美

但其实

人生没有完美

月有残缺

更显风韵无穷

河有曲折

更显绵延悠长

人生就是不断尝试

  《绿皮书》中的托尼和谢利和解了，他们是两种肤色的和解，更是两个阶级的和解。父母和孩子是世上最爱彼此的人，有什么不能和解的。让我们彼此信任，彼此理解，彼此相爱，就像锐杰所说："我会放心地看你离开，你知道我不会挽留，我明白你还会回来。"

一句迟来的抱歉

西北师范大学第二附属中学　屈睿

我是在"小暴"毕业后大概半年的时候,在菜市场偶遇他妈妈的。"小暴"是我给他起的化名,因为脾气暴躁是他当初留给我最深的印象。他妈妈看见我时起初有点尴尬,接着就笑着朝我走了过来。聊了两句"小暴"的近况之后,她出乎意料地对我说:"当初那件事,真是不好意思,希望您不要放在心上。"

她说的是在"小暴"初二时的一次家长会上,她当着全体家长的面,措辞过激地大声质问我的事。事情要从"小暴"刚进初中时说起。

"小暴"是一名瘦小的男孩,脸上总是带着气愤的表情。刚进校那会,他总是不断地与同学发生冲突,我就得不断地花时间解决这些矛盾,这让接手新班的我感到不胜其烦。于是,心中渐渐积攒起对他的不满。但谁让我是班主任呢?虽然心中对这个"麻烦精"甚为不悦,但还是得一如既往地循循善诱啊。

在从事了若干年的教学工作之后,我深深明白一个道理,那就是问题学生背后往往站着问题家长。与他们的沟通不能说完全无效吧,但是我认为效果也非常有限。因此,在"小暴"出状况之后,我都是自己想办法解决,从未请他的家长来过学校,直到那一次。

那是"小暴"进入初中的第二个学期,学校于劳动节前的某天下午举办了诗文朗诵比赛。活动结束时已经五点半了。我在教室做完活动总结就让学生离校了。就在我即将走出校门的时候,班上的几名学生从校外匆匆跑来,急切地对我说,"小暴"在学校附近跟外班的学生打起来了。我赶紧跟着学生狂奔过去,看到"小暴"正跟一名穿着初二校服的男生扭打在一起,我冲过去把他们拉开了。当时正值下班放学时间,周围已经聚集了很多人,我就把他们带回了学校的办公室，仔细询问前因后果。

两个人身上都挂了彩，初二男生的额头被挠出一道血痕，"小暴"的脖子被抓破了皮。经过询问我才知道，原来是"小暴"在放学后往家走的时候，匆忙中把旁边初二男生怀里夹的书撞掉了。因为早上刚下过雨，路旁有个脏兮兮的水坑，这本书正好就掉进了这个水坑里。"小暴"没有表现出任何的歉意，也没有帮初二的男生把书捡起来，而是继续匆忙前行。初二的男生非常生气，拽住了他的衣袖，于是两人扭打到了一起。

这次打架几乎全是"小暴"的责任。我要求他给这名男生道歉，但他并没道歉，而是气冲冲地站在一边。我安慰了初二男生一会，并给他妈妈打了电话。男生和他妈妈都表现得相当大度，妈妈在问清孩子的伤口情况之后，说孩子们之间难免出现这种事情，只要"小暴"认识到自己的错误，以后别再那么冲动就可以了。我承诺会好好教育"小暴"，让他认识到自己的错误。送走初二男生之后，我打电话让"小暴"妈妈来学校接孩子，因为我得跟她谈谈"小暴"的问题。

十几分钟之后，"小暴"的妈妈到了。她一看到"小暴"脖子上的伤痕，情绪就变得非常激动，质问我这是怎么回事。我让她不要冲动，把事情的前因后果说了一遍。我告诉她："小暴"在学校总是显得非常暴躁，极易与同学发生冲突，这一方面是因为他比较以自我为中心；一方面是由于种种原因，他还没有发展好控制自己情绪的能力，这件事应该引起家长的高度重视，我们需要互相配合教育孩子。

其实，尽管此前我没有专门请"小暴"的妈妈来过学校，但也给她打了好几次电话，反映"小暴"存在的这个问题。此时当我面对面再跟她说起的时候，发现她表现得很不以为意，敷衍了两句之后就担心地查看起"小暴"的伤口，并没有要求"小暴"向那位男生道歉。我当时有点生气，跟她说这事责任在"小暴"，那名男生额头被抓破了一道口子，"小暴"应该给人家道歉。"小暴"的妈妈没有搭茬，只说她要带"小暴"去看伤口，然后再过来找我。

第二天下午她果然来学校找我了。只不过这次会面让我非常不愉快，或许也让她很不愉快，从而为初二家长会上她的那次大爆发埋下了伏笔。

与她的会面再次让我感叹，人与人的思考方式的确存在巨大的差异啊！"小暴"的妈妈在简单地寒暄之后，掏出了一张超市的购物卡放到我桌子上，然后在我惊愕的状态中，开始诉说起她家里的悲惨往事。

她说孩子的父亲在孩子上小学二年级的时候生病去世了，她这些年一个人拉扯着"小暴"，非常辛苦。上小学的时候，"小暴"的班主任是一个刚从大学毕业的缺乏经验的年轻老师，经常批评"小暴"，给"小暴"造成了很大压力。她非常生气，就直接找到校长，拍着桌子强烈要求撤换这名班主任。"我的儿子就跟我的命一样，我坚决不允许任何人伤害他！"

我到现在还能想起她说这话的时候，脸上那种几近狰狞的表情。当时我心想，她觉得我给她反映"小暴"存在的问题，要求"小暴"给那名男生道歉，都是在故意针对"小暴"！掏出一张超市的购物卡，再说上这样一番话，这是典型的"威逼利诱"啊！想不到我一名平凡的班主任，还把生活过成了谍战片！我内心翻江倒海，恨不得跳起来跟她对骂一场，但最终还是拼命压制住怒火，态度生硬地把那张购物卡塞进了她手里。我说因为接下来还有课，就不多跟她交流了。

这之后，尽管我会对"小暴"失去父亲的不幸心生怜悯，让自己尽可能多地给他一些宽容与帮助，但再没跟他的妈妈有过任何接触。德国哲学家雅斯贝尔斯说，教育是一棵树摇动另一棵树，一朵云推动另一朵云，一个灵魂唤醒另一个灵魂。但即便如此，也架不住两棵树、两朵云、两个灵魂不在同一个时空啊。

时间很快到了初二的那次家长会。为了激励学生，我班侧面的墙上贴着每个学习小组的合影，照片的下方是每位学生得到的小星星。这些小星星是对一些良好习惯的奖励，比如按时交作业，认真做值日，上课专心听讲，等等。由于"小暴"的在校表现比较有问题，经常会无故不交作业，更有甚者，在课代表催交作业的时候，他还会说脏话辱骂课代表，因此他得到的小星星就比较少。

"小暴"的妈妈在参加家长会时，看到了墙上的小星星。她的情绪又变得非常激动，居然直接站了起来，大声质问我这是谁评价的，是根据"哪一条、哪一款的法律法规"评价的，为什么他们家"小暴"得到的星星这么少。我当时虽然有点错愕，但是因为之前跟她打过交道，有一定的心理准备，因此在调整了一下状态后，平静地跟她说："我现在还在开家长会，如果您对我的做法有意见，希望在我开完家长会后再跟我进行沟通。"或许是其他家长们谴责的表情让她稍微控制了一下自己的怒气，她这才不情不愿地坐了下来。

后来虽然事情被顺利解决了，但是不可否认我对她的观感已经降到了冰点以下。心平气和地对待"小暴"，不带偏见地解决他惹出来的麻烦，这已经是我能做到的最好程度了。至于教育他、改变他，因为他的背后站着的是一位比他更暴躁、更自我、更不懂管控自己情绪的母亲，最可怕的是这位母亲还对他过度溺爱，所以我真的无能为力。

虽然"小暴"三天两头在制造事端，但好在也都被我顺利地解决了。很多时候，我还是会跟他认真地谈一谈，告诉他一些做人的道理，但我们无法低估家庭能带给学生的影响。教师并不具有拯救天下苍生的能力，我深深明白这一点。到初三之后，"小暴"惹麻烦的频率下降了很多，人也变得平和了一些。难道是我平和的态度对他产生了某些影响吗？我无法验证这点。时间在紧张的复习中匆匆过去，"小暴"终于迎来了毕业。他的成绩不好，也不算非常差，最终考进了一所一般的高中，也从此彻底走出了我的生活。

要不是这次在菜市场遇到"小暴"的妈妈，这些事我都已经不会再想起。没想到"小暴"的妈妈会说这番话，听到的时候我除了惊讶，竟然还有几分感动。或许是觉得曾对"小暴"说的话并非全然没有效果吧，又或许是在感慨"小暴"与他妈妈的种种过激表现，正是在以他们自己的方式应对不幸的命运吧。

人谁能无过，也不存在一帆风顺的人生。但愿曾经的伤害已逝，"小暴"也能与伤害他的命运和解，走出属于自己的艳阳天。

小小讲坛，百花齐放

——记西北师范大学第二附属中学精彩纷呈的讲坛活动

西北师范大学第二附属中学　　苏俊锋

2015年9月17日下午4点30分，西北师范大学第二附属中学初一（1）班教室，多媒体屏幕上显现四个醒目的黑底白字"战犯结局"，讲台上一位十五六岁的少年引经据典，侃侃道来60年前的一场世纪审判，讲述着一段由此改变亚洲格局的历史……台上的少年是初三的学生张智豪，台下是初一的学弟学妹们。他们或抬头认真倾听，或埋头记笔记；时而露出欣赏仰慕的目光，时而报以热烈的掌声……这就是西北师范大学第二附属中学的学生讲坛现场。

另一位参加讲坛的初三学生袁润海说："平日里，我自己很喜欢看脱口秀节目，常常折服于专家、学者们精湛的口才和精辟的讲述。私下里，我也渴望有这样的讲坛能让自己一展身手。学生讲坛给了我这样的机会，我很开心！"

一直以来，学生都是受教育者的形象，总是在被动地"听"，没有一个能让他们主动地"讲"的平台。但是，成长中的孩子们需要一个可以发出自己的声音，激扬文字、指点江山的平台，而且这样的呼声在二附的学生中有很大的代表性。幸运的是，孩子们的想法与学校领导和一些老师的想法不谋而合，因此学校设立了这样的学生讲坛，为学生们提供了这样的一个平台。

虽然，初中生开办讲坛在一些师生的心中似乎有点不太靠谱，他们觉得初中生学习任务繁重、作业繁多，哪里有时间瞎折腾？再者，初中生的年龄最大不过十五六岁，能讲出东西吗？即使开办了讲坛，会不会搞成一种徒有虚表的形式呢？事实证明，只要组织得当、准备充分，这些问题是可以克服和解决的。

自从2012年9月在初一年级尝试性地举办了第一届学生讲坛以来，这项活动就在二附慢慢生根发芽，到现在进行了7年多的时间已经常态化。学生们用自己的实际行动证明：学生讲坛和他们的学习生活并不矛盾；相反，讲坛很好地激发了孩子们的潜能，让他们勇于尝试，勇于锻炼自己。同时，这项活动也为学生才能的发现、发展、发挥搭建了一个舞台，打造了许多学生中的"小明星"，具有很好的"同伴示范"作用，对形成良好的校园文化氛围起到了举足轻重的作用。

　　二附的学生讲坛对所有的学生是开放的，大家机会是均等的，只要你愿意讲，都会有机会。学生讲坛的形式是多种多样的，既有小范围的班内、年级内学生讲坛，也有跨年级的学长讲坛。班内的学生讲坛，每名学生都可以自愿参与、申请主讲。他们要自己查阅资料，通过充分的准备去论证自己的主题，试讲经班委会和班主任审核通过后就可在班内开讲。参与学生讲坛的每一次准备过程都是一个自我研究性学习的过程。为了申请主讲，有的学生要准备一个月甚至更长的时间。他们根据自己的兴趣，先确定主题，然后通过各种途径收集、查找大量的资料，再筛选资料、制作PPT。最后准备讲稿，练习演讲技巧。学生们的演讲主题涵盖的学科门类有很多，且都是他们自己感兴趣的话题。从演讲的题目可窥见一斑："救时宰相，名垂千秋""可爱的狗狗们""我的乒乓世界""鸦片战争那些事儿""生物的变异""遗传""病毒""业余数学家之王""深海探秘""古罗马建筑""食品安全""苏联卫国战争"等。

　　年级和全校的讲坛则根据学校的整体安排不定期举行。比如，9月份初一新生入校，在适当的时机，初一的班主任们会邀请初三或者高一有经验的讲坛明星跨年级给学弟学妹们言传身教，讲小学升入初中后的角色转变，谈初中学习生活的适应，教新学科的学习方法，等等。初一的孩子们从学长们的讲坛中得到启发、从他们的经历中收获成长，完成自己升入新学校的适应和过渡。同时，学长讲坛也在新生与优秀的学长间搭建了互动交流的平台。2015年初一年级组的学长讲坛，恰逢中国人民抗日战争暨世界反法西斯战争胜利70周年，热血沸腾的学长们选取的讲坛内容大多应情应景，涉及二战、爱国、励志，或畅谈阅兵盛况，或回顾二战经典战争，或反思战后审判……慷慨激昂的演讲激发了刚刚步入二附中的初一新生的斗志，为他们树立了良好的榜样，使得初一的学生们对自己的初中生活有了进一步思考与规划，引导了积极的价值观，在初一新生自我成长和自身发展的过程中提供了新思路，凸显了二附的人文精神。主讲的学生们为了完成自己感兴趣的课题，利用课内外时间查阅资料。这一过程，是一个形成概念、掌握知识、解决问题的过程，也是新课程倡导的自主、合作、探究的一种学习方式。

　　二附校长窦继红认为："每个学生都是一座深藏不露的宝藏。"作为一校之长，他很注重校园文化的思想引领，强调学校要培养身体健康、心态积极、个性品质和谐发展的学生，提倡教师们作为教育者要有国际化视野，要顺应当前时代和社会发展的需要，以开阔的、全球化的、现代化的教育理念实施教育。而学生讲坛就是其中一个很好的抓手。他强调"要让孩子们的声音被听见"，他还鼓励孩子们大胆去讲，"只要上去讲，就是一种很好的历练"。每次年级组及全校性的学生讲坛，只要窦校长在校，无论多忙，他都会到场聆听孩子们的演讲，充当孩子们忠实的粉丝和坚实的后盾。

　　小小的学生讲坛活跃了二附中学生的校园文化生活，丰富了学生的课余生活，开拓了学生的视野，让学校成为学生的乐园。在开办学生讲坛的基础上，二附中利用自己毗邻西北师范大学、一附中，地处高校林立的安宁区的有利位置，在2013年开始组织家长讲坛。学校诚邀热心教育事业的家长朋友们走进课堂，发挥自身职业的资源优势，为孩子们讲述社会大百科。家长们结合自身职业特点，对孩子们进行相关专业知识的培训，介绍相关方面知识。家长讲坛主题涉及多个方面，不仅有普及健康卫生知识、进行安全教育的内容，也有讲述环保理念、解读城市文化的课堂。还有家长从自身角度出发，对孩子的养成教育、学科学习发表看法。

　　2016年7月，兰州陆军总医院急诊科的石春波大夫在初一的孩子们进行英美游学活动之际，专门做了一期题为《中学生自救互救》的家长讲坛，从专业的角度教给孩子们如何应对突发的意外伤害，教孩子们了解现场急救，科学地自救、互救的重要手段，教孩子们如何在紧急时刻为挽救生命赢得宝贵的时间。

　　初二年级数学学科概念增多，内容变难，学生成绩两极分化越来越严重，年级组邀请了西北师范大学第一附属中学的高级数学教师漆林伟，给孩子们做题为《数学之美》的主题讲座。漆老师将高深的数学原理深入浅出、通俗易懂地呈现出来，引导孩子们领略数学的魅力，认识数学之美，并通过具体实例教孩子们在解决问题时如何化繁为简，帮孩子们克服对数学的畏惧心理……

这种家长愿意讲、学生喜欢听的讲坛方式，使学生不出校园就能聆听各行各业老师的教导，受到学生们的一致欢迎，也使师生受益匪浅。

　　形式多样的小小讲坛带动了二附的校园文化，形成别具特色的百家讲坛新局面，促进了师生的共同发展。我们期待，二附中的孩子从学校搭建的这个小平台起飞，会飞得更高、更远。

走进英国的中学教育

西北师范大学第二附属中学 苏俊锋

在英国雷丁大学培训学习的过程中,我有幸到离寄宿家庭不远的一所中学实习了一周,近距离体验了一把英国的中学教育。这里的课堂大多是这个样子的:学生的自主活动更多,教师的耐心更好;课堂上老师只要没事干就看着学生们忙乎;可以下午3点就人去室空,而staff room里的老师却能忙到五六点钟;貌似简单的教学活动的背后掩藏着老师的巧妙心思,学生的动脑动手能力都得到了充分的锻炼;老师也好、学生也罢,对成绩的关注度都不高,在轻松愉快的氛围中孩子们快乐地成长;课堂上学生的纪律性似乎不太好,但出了教室进行集体活动时即使没有老师的监督,他们的组织纪律性也是值得称赞的。

我们恰巧赶上了10年级Personal, Social and Health Economic(个人、社会和健康教育,简称PSHE)。作为英国国家课程,PSHE自2000开始在各地中学以不同形式展开,旨在帮助作为家庭和社会的一分子的青少年得到文化知识、实践技能、健康生活、责任意识等各个方面的全面教育。当天的主题覆盖了个人理财、性知识、吸烟饮酒与毒品、个人健康四个方面。全年级学生被分为4个大组,由学校聘请专人给学生们轮流进行专题教育。不同于我们在国内常见的听报告,这里的活动方式似乎更符合孩子们的接受和理解能力。举个例子来说,来自Royal Bank of Scotland的专业金融人士先给16岁的学生们普及金融常识debit card(借记卡)和credit card(信用卡)的区别,然后介绍了一些和人们日常生活息息相关的金融名词,如budgeting(预算)、debt(债务)、loan(贷款)、mortgage(按揭贷款)、payday(还贷日)、creditscore(信用得分),以及How to decrease and crease credit scores(怎样做会造成信用分的减少,怎样可以增加信用分)。有了这些金融常识作为铺垫,他们才开始和孩子们一起讨论在不同的消费情况下使用哪种卡更加合理。紧接着他们公布了2014年16岁和25岁英国打工者的月收入状况——228镑和1625镑。（有关学习动机在金融知识的普及过程中进行了不显山不露水的引导。不用多废话，两个数字将不同受教育层次的收入差距摆在了那里，是早早辍学去挣那228镑呢，还是认真学习大学毕业了去赚1625镑？谁不愿意在单位时间内做一个高收入者呢？这个数字差对学习动机的刺激是不是比干巴巴的说教来得更有效一些呢？）他们又给出日常所必需的开销：食物、储蓄、汽油、衣服、文具、玩具、零食、玩乐等，让孩子们分组讨论如何支出才算合理，最后给予引导。所有这些日常理财方面的生活常识都是那么的实用，这样的财商培养早早地介入孩子们的学习过程、真实地发生在课堂上。回头想想我们中国有多少大学生步入大学后，生活自理能力仍然低下，这是不是我们的教育范围单一惹的祸呢？

　　青春期的孩子们处于性的萌动期，性的启蒙教育该怎样实施呢？作为一名中学教师，同时作为一个14岁孩子的母亲，我一直都很困惑该用怎样的尺度、怎样的手段帮助我的孩子们顺利度过这段生理彷徨期。所以，我很是好奇英国PSHE的青少年性教育会以怎样的方式进行。询问时，那里的老师们却告诉我，孩子们得到的是"封闭"指导，不允许任何成年人"围观"，即使是他们的老师也不得旁观。刹那的不解之后，我恍然明白了，并感受到了一股暖意，绅士之所以为绅士，和他从小得到的尊重是有着直接关系的，联想到在英国的课堂上老师尊重学生人格的微小细节——他们在给学生答疑解惑时，为了和学生保持平视，会俯下身子，或者蹲下来，或单膝跪地甚至双膝跪地。而作为中国教师，我们会这样做吗？我们关注过和孩子们平等这回事吗？在英国大学培训期间，给我们授课的老师们也很注意这一点：高高帅帅的Ted老师俯下身子听我们讨论，后又怕我们有压力，他干脆单膝跪下加入我们的小组讨论，真的好令人感动啊！

　　孩子们的天性得到充分的释放，虽然年幼却时刻得到充分的尊重，在这样的氛围里孩子们耳濡目染人际关系的彼此尊重，长大后怎会不注重礼仪？怎会不尊重他人？回观中式课堂，我们对孩子们在课堂的要求和所作所为，心里的触动不是三言两语可以概括的。虽说没有见到性教育的指导实况，但从一孔而窥全貌，我似乎已经明白了以后应该怎么去做了。

　　注：雷丁大学是英国主要高校之一，也是一所国际性大学。它曾是英国

牛津大学创办的分校，有着上百年的校史，其优势专业包括教育、语言、农业、艺术、经济、建筑、环境、管理等。该校的National Center for Language and Literacy是英国中小学英语教师培训中心，有着一套完整的培训体系，曾多次为中国教师及教育行政人员举办培训，迄今，已经接待了40多批中国西部地区人才培养特别项目的中学教师，而我也幸运地成为CSC第29期的学员，并在那里接受了为期3个月的培训。

问道和谐互助，打造高效课堂

永登县第八中学　温发莲

时逢国庆佳节，一股渤海与黄海交互的暖流，携齐鲁大地的和煦、孔府家宴的浓烈，越过崇山峻岭，强势登陆西北边陲的小小一隅——永登八中。此前，业已推行的和谐互助在笔者的脑海只能是想象中的天空，任凭如何费尽心思地揣摩，终究还是无法逃脱纸上谈兵的结果。而今能真实地感受"和谐互助"的热浪，不得不感叹齐鲁人历来的智慧和灵光。草根原创的五步十环节，绿了渤海之滨，旺了齐鲁大地，如今已播撒在八中人的心底，直待开花、结果。

传输英语课堂互助信息的是青年教师乔妙妙，正如她的名字一样，她的巧妙穿透了演示课堂的分分秒秒，她的灵巧凸显在和谐互助的每一个步骤和环节。得心应手的组织，恰到好处的点拨，公平准确的评价，每一个细节都让我们感受到了和谐互助的真实和真切。

跟其他学科一样，英语课堂的互助模式大同小异，无须赘述。但正如乔老师所言，互助课堂其实没有我们想象的那么复杂，我们大可不必望而却步，每位教师只要用心都能达到高效的佳境。因为学生一旦熟知了课堂的环节，感受到"老师"的职责，明确了"学友"的目标，体会到荣辱与共的酸甜苦辣，品尝到"Good job"所带来的喜悦，那么教师的课堂毋庸置疑就会进驻高效领域。以下是笔者就和谐互助课堂中部分步骤与环节设置的一些感悟和反思，晒出来与各位同人共享。

一、和谐互助课堂中的评价占有举足轻重的作用

在谈到评价模式的生成和运行时，乔老师还特别强调评价的科学性和有效性，尤其强调教师在评价时应坚持的正面评价原则。说到评价，英语课堂

中的评价其实具有得天独厚的功效，英语课堂无论教师还是学生自己关于评价的语言都是其他学科难以相比的，英语教师的评价语言应该更丰富、更有趣。除了good的惯常辞藻外，还有太多令人振奋的语言：That's really nice. / That kind of work makes me happy. / That's coming along nicely. / Super! / Well done! / Exactly right! / Great! / Congratulations! / Terrific! / Much better! / Wonderful! / Outstanding! / Way to go. / Take it easy! / Snap out of it. Be strong! 这些语言的输送对学生来说无疑是甘露和芬芳，每一个学习的个体在爱和被爱的细雨里会抵达"润物细无声"的最佳境地。而且学生在使用评价语言的同时也会毫无悬念地扩大和巩固词汇量，正可谓"一石二鸟"。

此外，在课堂学习评价方面我们不妨多加尝试"优点夸大法"和"缺失缩略法"，尤其是那些学友队伍，更需要夸大和缩略法则。因为我们知道，每个人都喜欢被表扬。因此作为教师，要特别关注问题学生，发现其闪光点，并扩大其闪光点，以此为基点，让学生找到努力的方向和学习的目标。这样一来，就会最大限度减少问题学生的恐惧心理，从而提高他们学习甚至日后生活的自信心。再者，互助模式下的师友点评能很大程度上提高学生的客观评价能力。评价不是老师的专属，也不是"师傅"的产品，学友之间、师徒之间，时时、处处都应有评价和被评价的互动。这样的课堂体现了教和学的统一性和民主性，我们何乐而不为呢？师生交流，师友交流，互相点评，共同促进，这是互助课堂的最强音，是互助教学生生不息的脉搏。和谐课堂的主流是互助学习，但也不乏个体学习的诸多空间和时间，这从另一个方面又体现了现代教育大力倡导的人性化和个性化学习的原则。

二、和谐互助课堂诠释了"学会"与"会学"的辩证与统一

传统教学中教师总是把自己有意或无意塑造成滔滔不绝的讲师形象，时代发展到今天，教师也在削减自己在讲坛上的"势力"，弱化自己在教学中"教"的强度。但无论哪一种课堂模式都无法跟和谐互助课堂相媲美。草根原创的互助学习模式里，学生不但是学的主体，更是教的主体。课堂上，学生能主动交流、主动探究、主动学习，这种课堂真正顺应了时代发展的需求。让学生自己去发现问题，继而解决问题，老师只是在必要的时候"插播广告"，这种课堂极大地激发了学生的问题意识与自主探索精神，将学生的主体地位落实得无比到位。

101

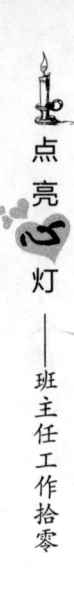

联合国教科文组织在《学会生存》一文中曾指出:"未来的文盲不再是不识字的人,而是没有学会怎样学习的人。"这句话启迪我们,课堂教学必须重视"怎样学",教学过程不仅是传授知识、技能的过程,更是教会学生学习的过程。教法和学法必须同步、相互协调,使学生不仅"学会",更要"会学",这样才能有效提高课堂教学质量和学生素质。"学会"与"会学",不是单纯辞藻顺序排列的颠倒。"学会",是指对某一问题不懂、不会,经过学习以后,懂了、会了。"会学",是指掌握了学习方法和规律,以后再遇到问题知道如何研究和解决。也就是说,"学会"只解决了某一个或几个问题,而"会学"则能解决普遍性的问题,是学习能力的表现。如果不会学习,未来的路途将会举步维艰。联合国教科文组织早在1989年的年终报告中就指出:"不会学习即不能生存。"为此许多发达国家把"学会学习"作为21世纪的主要战略任务之一。教学生学会学习,是即墨二十八中人之所以成就高效课堂的缘由。草根原创的和谐互助课堂体现了教学观念的根本变革,是对教学任务的完整认识,真正诠释了"学会"与"会学"的辩证与统一,诠释了新课程关于"学生是学习的主人,教师是学习的组织者、引导者与合作者"之经典和精华。古人曰:"授人以鱼,不如授人以渔。"说的是,送给别人一条鱼只能解其一时之饥,却不能解其长久之饥。如果想让其永远有鱼吃,不如教会其钓鱼的方法。有鱼吃是目的,会钓鱼是终身手段。这句话说明,与其帮助他人解决难题,还不如传授给他人解决难题的方法。叶圣陶又言:"教材无非是个例子。教是为了不需要教。"要提高课堂效率,应以教材为例子,教给学生学习的方法和技能。和谐互助模式中,早一步会学的"师傅",不断维系着想要"学会"和"会学"的"学友",这不能不说是教育天地里又一款行之有效的"导航系统"。

三、"和谐互助"充分彰显了合作交流的巨大效用

笔者暑假期间有幸参加了TIP(Total Immersion Program)全封闭英语口语培训,该培训为美中教育机构(ESEC)特色培训项目,旨在全面倡导以"大脑自然学习法"来学习英语。在TIP中,每个人都是自己的老师,"When you are your own teacher, the world is your classroom."TIP认为,口语的获得必须以学生为中心,当学生互助学习的时候,一个有意义的话语输出和交流与谈判性学习氛围就形成了,学生的个人兴趣、学习方法与学习水平等方面的难题也会

迎刃而解。现在看来，即墨人的和谐互助课堂大量揉进了TIP元素，草根教学法不能不说是一种传奇。TIP与和谐互助课堂的原则都以学生为中心，使他们参与到有意义的对话和活动中。在这种新型模式下，80%的课堂时间都是学生的互动，而老师"插播广告"的时间不会超过20%。不管学生的学习方式和学习能力是否有差异，以学生为中心的课堂可以保证每个学生都有学习与进步的机会。英语互助课堂里，如果你不知道，你就应该"ASK"（问），如果你知道你就"TELL"（讲）。实际上你在"ASK"和"TELL"的过程中，英语听力、口语水平都得到了提高。合作交流是深化互助教学模式的重要环节。课堂上除了让学生自主听讲、自主练习外，还要给学生提供讨论交流的机会。这种方式，可使学生互相启发，使每个学生都成为学习的主人，他们同时也为自己解决了不同学习兴趣、不同学习方式，甚至不同学习水平的难题。当学习有目的、有意义的时候，以学生为中心的学习法就起作用了。

在英语学习中，大多学生都被"比较心态"控制，这使得他们不容易进行合作学习。可是语言的学习非常需要合作，因此英语教学更应该大力提倡和谐互助模式，只有合作，英语学习才更有创意，更可能有意外的收获，这样的学习才真正是"学习如何学习"。

有研究表明：合作学习和有创意的活动有利于加快语言学习进程。其实，在即墨人师友绑定的基础上，我们应该提倡"就近互助"和"小组互助"，容许学生在任何情境下向任何一个人学习。另外教师要做好引领。合作学习要求参与者有积极的心态，互助小组的活力会带来学习的激情和动力。激情会点燃更多学生互动的热情，学生的积极参与与主导地位会将整个学习过程引爆并进入高效。最后，合作与协作让每个成员都养成个人的责任感和使命感，对于我们来说，这个动力就足够解决英语学习中的任何挑战和困难。

和谐互助课堂之所以彰显了合作精神的巨大作用，得益于师友互动的"生生交流"，即"学生问学生、学生教学生、学生帮学生、学生检查学生、学生影响学生、学生引领学生"。"师傅"要教会"学友"，必须要了解"学友"对知识的掌握情况，必须要因材施教，这就使得"师傅"必须在自身理解知识的同时，提高自己的思维敏锐度，努力提高自己的语言表达能力。"学友"也要把自己的问题准确地转达给"师傅"，以便"师傅"讲解。师友在交流中互助，在互助中交流，在互相尊重中共同学习、共同提高。在日积月累的互助学习中，学生的表达、倾听等与人交流沟通的能力将得到不同程度的提高。

　　总之，要实施新的教学策略，教师就要转变角色，树立服务意识，努力发挥促进者、指导者、合作者的角色作用，优化我们的课堂教学，这样才能收到最佳的课堂效果。树立以学生为主体的教育理念，愿"和谐号航母"以崭新的姿态在八中人希望的港湾开辟一条属于自己的航线！

我们该如何为学困生"解困"?

永登县第八中学　温发莲

每一个孩子都渴望成为被老师、家长认可的好孩子,但是在现实中,总有孩子会时不时成为相对的学困生。造成这些现象的原因是什么呢?如何帮助这些孩子呢?笔者从以下方面进行了长期的思考和实践,取得了良好的效果,现总结并与读者分享交流。

一、影响学困生学习的因素

通过教学观察和教学实践,笔者认为以下几个因素在英语学困生的形成方面起到了推波助澜的作用。

(一)学校和教师因素

学校和教师作为引导学生成才的主要促成者,在中学生的成长中起着不可忽视的作用。笔者所在的学校位于兰州市远郊县区,小学阶段,虽然各个学校均开设了英语课程,但学校和教师都不够重视,英语课的教学目标只是"灌灌耳音"。初中阶段,好多学校片面追求升学率,置学生的个性发展于不顾,部分学生得不到教师和学校的认可,学习上越发没有信心,消极懈怠的情绪日益滋长。久而久之,这些学生失去了对教师的信任和对学习的兴趣,恶性循环因此周而复始。而且,无论社会还是学校和家庭,对学生的认可也常取决于一个学生的学业水平,学生受年龄、认知水平以及阅历的影响,无法调整心态,在种种压力之下不知不觉沦为了学困生。

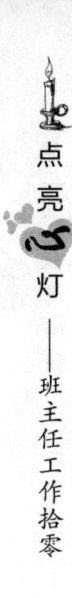

（二）社会和环境因素

近年来，面对全国各地大学生普遍就业困难的现状，部分家长对孩子上大学持怀疑态度，甚至再次刮起一股"读书无用"的旋风，导致部分学生学习没有动力，甚至对学习完全丧失兴趣。另外，无论中考还是高考，人才选拔制度公正又残酷。我省中考制度逐年改革，高中录取率越来越低，很多学生因英语成绩不理想而感觉自身无力考取理想的高中。因此，部分学生选择了职业技术学校，而职业技术学校对学生中考英语成绩则没有过高的要求。还有部分家长错误解读高考制度的政策内涵，认为未来高考将取消英语学科的考试。因此家长和孩子均不同程度地放松和淡化了英语学习。

（三）家庭因素

家庭环境是影响学生学习的一个重要因素。当下社会，有的父母不能客观评价自己的孩子，对子女期望过高，施压过大，造成子女心理负担过重；有的父母溺爱和放纵孩子，事无巨细一律代劳，致使孩子好逸恶劳、不思上进。随着社会的发展和开放，单亲家庭日益增加。单亲孩子大多敏感、多疑，普遍有对抗甚至仇视心理。单亲孩子是学困生队伍中又一个庞大的集体。

近几年随着进城务工人员数量的增加，学生来源更加复杂化、多样化，学生对英语学习的认知水平和学习能力更是参差不齐。"务工"在当前社会似乎是个很前沿的字眼，"留守儿童"也是一个不用注解的概念。一批又一批的务工大军，造就一拨又一拨的留守儿童。家长会上爷爷奶奶、外公外婆成了座上客，祖辈们大多比较溺爱孩子，而且自己本身文化层次不高，对孩子的学习起不到约束和帮助的作用，不知不觉间"留守儿童"也被卷入了学困生队伍。

二、帮助学困生"脱困"的有效途径

针对以上种种不利因素，笔者曾尝试诸多方法和策略，现将点点滴滴拿来与您分享，愿它能在教学路上助您一臂之力。

（一）用教师的爱心和耐心，激起学困生的学习潜能

"教育的艺术不在于传授知识，而在于激励、唤醒、鼓舞。"（第斯多惠语）管理心理学认为，人的一切行为都是因受激励而产生的。研究表明，受

到充分激励的人其能力可以发挥到激励前的三到四倍。

何维通同学是我们所有科任教师最头疼的一个孩子。七年级上学期开学初"摸底"时，他一句怯怯的"我没有妈妈"，让我的心为之一颤，我不假思索地承诺："我来给你当'妈妈'。"为了创设英语学习环境，我在英语课堂上，提供足够多的英文名字及其来源和含义，让孩子们自己选择，使每个孩子都有自己的英文名字。我把Prince这个至高无上的名字给了何维通，告诉他"你就是老师心目中的王子殿下"。然而，在接下来的较量中我着实为当初不知天高地厚的承诺而汗颜，也意味着我将为Prince这个尊称付出代价。这个孩子在小学阶段就已经视网络为生命，几乎每天都到网吧报到，妈妈"失踪"，爸爸长期在外务工，爷爷奶奶自认为孩子缺少关爱，往往孩子要手不敢给脚。因此，我隔三岔五拨通Prince爷爷的电话。一开始爷爷还算配合，到后来酷爱麻将的爷爷竟然每次都颇没有耐心，在丢过来一句"义务教育阶段，你们老师自己想办法，我无能为力"后，挂断电话。爷爷麻将桌，孙子电脑房，哎，真是"有其爷必有其孙"啊。说实在的，多少次我真的想放弃，但最终我还是无奈而又坚决地决心将Prince管到底，跟他的爷爷"斗争到底"。到网吧"捉拿"，硬着头皮"闯"进他家，打长途给他爸爸支招儿，当面给Prince说理，作业本上给他长篇说情，总之，为这个Prince我几乎绞尽脑汁。但他的情况时好时坏、反复无常，搞得我身心俱疲、不知所以。

天无绝人之路，正赶上"万名教师大家访"活动，身为班主任兼英语老师的我可谓如鱼得水，利用一切可利用的时间走进了整个班级几乎每个孩子的家庭，Prince的家这次更是畅通无阻，因为我有"万名教师大家访"的通行证，Prince的爷爷也不得不"屈服"了。我不失时机地将班上的"留守儿童"组成学习小组，Prince的爷爷央求将学习地点定在他家。这样一来，Prince迫于我的如影随形，几乎没有时间进网吧了，渐渐地也就死心塌地地学习起来，也开始变得礼貌、懂事、自信起来。一年后的今天，当你走进八年级（6）班，中间第一排那个自信又聪明、可爱又活泼，总是将手高高举起抢答问题的小暖男便是一年前唯唯诺诺、常出入网吧的何维通。如今他是名副其实的Prince，你敢相信吗？

常言道，"人非草木，孰能无情""精诚所至，金石为开"。只要教师怀着真诚的爱心，从学习、生活等各方面无微不至地关怀学生，关注他们的内心，关心他们的"疾苦"，当学生亲身体验到老师的一片爱心、真情实感、殷切期望时，他们的内心必将发生变化。

（二）用良好的师德，和谐的师生关系，激发学生的学习潜能

Jenny（孙蓉）是七年级上学期开学数周后才插进我班的一个女孩儿。孩子小学阶段的参考成绩很差，因此这个孩子起初被分派时大有被"踢皮球"之嫌。与其说我是妥协于家长一句"慕名而来"的虚荣，不如说我是不忍面对孩子那种无助的眼神，还有家长乞求的目光，于是我半推半就地接纳了这个孩子。孩子的学习基础比我想象的还差，但可能因为被"踢皮球"而激起了一种好胜心，自打进到我的班级，这个孩子从来没有懈怠过，她每天总是最早到校，每天都会向我求教、向同学求助。我也总会拿她哪怕点滴的进步说事，以至于后来孩子每天都期待上英语课，期待开班会。因为每当此时，Jenny都会感觉到自己无上荣光。一年来，Jenny从当初的女生倒数第一到七年级结束时名次跳跃数十名，从最初虔诚地矫正26个英文字母到元旦晚会上《Big Big World（大大世界）》的倾情高唱，我不仅见证了Jenny在英语学习路上的跌跌撞撞，而且也读懂了每一个孩子所拥有的神奇力量。毋庸置疑，是老师的接纳、肯定鼓励、积极期待和热情关心，激发了这个孩子要求进步的内在动力。

青少年的心理特点告诉我们，这个年龄段的学生"亲师性"较强。因此，请尊重每一个学生，接纳每一个"光临"你门下的弟子吧。目前因为务工潮流等多种因素，我们每年或每学期都会迎来一些转学和插班的孩子。每当这时，几乎每个教师都会不同程度地"审视"后来者，一旦发现"情况不妙"，有些教师就会玩起"踢皮球游戏"。这种现象时有发生，笔者曾经也有过类似的心态，如今Jenny的笑脸就当是我将功补过。也希望并相信从教的你和我，不会拒学困生于千里之外，因为帮他们"脱困"，是我们教师最接地气的行动和行为。

（三）以多种方法增强学生的兴趣，是激发学困生学习潜能的一把金钥匙

歌德曾说："哪里没有兴趣，哪里就没有记忆。"青春期的学生好奇心强，易于接受新事物。在英语教学中，我总是力图让每一个环节与语言搭桥，七年级学段，每个单元我都要根据教材内容编排Class Cheer，作为热身项目，孩子们不仅能巩固知识还能展示才艺。比如七年级上册第六单元Do you like bananas的Class cheer编排如下：

Let's do our class cheer.

Class 6 are apples. Class 6 are pretty.Class 6 are pears.

Class 6 are lovely, lovely, lovely.

We like fruits, we like vegetables.

We like healthy foods and never get junk foods.

I can do it. You can do it. We can do it.

Wow, Class 6. Healthy, healthy, healthy!

《爸爸去哪儿了》是孩子们的最爱，我将主题曲 *Where are we go，Dad?* 加入每周一歌。经典的英文歌曲，不时飘摇在英语课堂，孩子们怎能不产生兴趣？当下中国大妈的广场舞如火如荼，欧美最具魅力的 *Cha Cha Slide* 成了我英语课堂中的劲舞。我班的足球队曾在学校比赛中获得冠军，大部分孩子因此与足球结缘。世界杯之际，我坚信"磨刀不误砍柴工"，在不影响教学进度的前提下，毅然决然开放球赛视频，让学生大开眼界，同时我还有意搜集英语版的赛事报道，以此激起孩子们强烈的求知欲。

著名教育家苏霍姆林斯基说："所有智力方面的工作都要依赖于兴趣。"学习兴趣在激发学生学习的积极性方面起决定作用，一旦激发了学生的学习兴趣，就能唤起他们的探索精神、求知欲望。

（四）授之以渔，方法导航，播种行为，习惯使然

教育的生命力不是"复制"或者"粘贴"，而是创新。It's better to teach them fish than give them fish.（授人以鱼不如授人以渔）教师教学生"学会"，不如教学生"会学"。帮助学生"会学"可参考以下办法：

1. 英语日记

对于学困生而言，用英语写日记是一种"痛苦"。对学困孩子的日记可放宽尺度，可以是 Grammar Focus（语法重点）的机械抄写，也可以是难点句型，还可以是 Reading 片段，借此可以逐渐养成孩子们自觉摘抄的习惯。有了自觉强化和巩固的习惯，学生便能用英语写出自己的心里话。笔者所任教的（6）班，务工子女偏多，留守儿童不少，英语学习水平参差不齐，但从七年级上学期的第五周开始我便要求孩子们用英语说心里话。一句接一句，一天又一天。如今绝大多数孩子最头疼的英语作文，在笔者的班级却成了孩子们的最爱。每次或大或小的测试，我都会先关注孩子们的作文，那种对学困生而言常见的空白，在我的孩子们身上荡然无存，这不能不说是英语日记创造的辉煌。

2. 反复练习

语言不是教会的，而是在使用中学会的。交际能力只有在交际中才能得到最有效的训练和培养。学困孩子调侃自己听语法如听天书，针对这种困境，我要求孩子们每天早晨在校大声朗读英语不少于20分钟，每天在家时或其他时间朗读不少于30分钟。现在绝大多数孩子在上学、放学路上会不由自主地找人PK英语。尽管考试成绩并非名列第一，但孩子们在课堂上的口若悬河绝对会让你叫绝。不错，每个人都能从各种训练和反复练习中脱口而出完美、完整的句子，这就是语言的魅力，这就是反复练习修成的正果。

（五）师友合作，和谐互助

《义务教育英语课程标准》（简称课程标准）倡导探究合作学习，要让学生在合作学习中实现师生互动，生生互动。近年来我校在全面推行"师友合作，和谐互助"的新型教学模式。"师友合作"是"兵教兵"的升级版。具体做法是采用异质分组，即小组成员间形成性别、性格、学习成绩和学习能力方面的差异。一对师友即是一个学习共同体，一位是师傅（Partner A），另一位就是学友（Partner B），学习过程中Partner A和Partner B要共同完成学习任务，同时Partner A还要对Partner B进行课堂内外的督查和帮助。

教学过程中我们发现，"师友合作"学习模式尤其能给学困生提供更好的学习平台，因为学困生普遍自卑性较强，不愿意在全班同学面前表现自己，小组学习不仅能缓解他们的焦虑情绪，而且能使他们最大限度地从同伴那里获得帮助，获得锻炼自己的机会，同时也能让他们体验到一种被人接受、信任和认同的情感。

（六）灵活评价，使学困生的学习愿望之树常青

在日常英语教学中，作为教师，对学生的进步要及时鼓励、帮助他们树立自信心。

班上的David在小学时留过级，是班上的老大哥，七年级上学期期中测试时，他的成绩在全班垫底。实际上，他很努力，每次单词拼写环节，他都会博得阵阵掌声，自编对话环节也表现出众。但期末考试时，他还是得了全班最后一名。孩子脸上出现了低落、无助、迷茫的神情，我心疼着急之下第一时间

与他的家长取得联系。我决定淡化考试结果，与家长共同引导他看到自己的进步，不要对自己失望、对学习漠然，甚至放弃。我甚至在孩子的作业本上写上大篇的评语，鼓励他不要轻言放弃。其实我在英语课堂Summary（总结）时段，每天都会有这样的总结性评语，也因此会不时地看到奇迹出现。我常用的评价与鼓励评语有：

Confirmation & Encouragement（肯定与鼓励。）

Jolly good.（非常好。）

Much better.（较前更好。）

Should be aloud.（大胆发言。）

Well done.（非常好。）

Shows some improvement.（有些进步。）

Great improvement!（进步很大。）

作为教师，我们应时时刻刻以正确的态度对待每一位学生的个体差异，通过评语、表扬、奖励等灵活的方式，真切地关爱、自然地赞美、热情地鼓励，使学困生在肯定和鼓励中看到希望，找到自信。

三、结束语

学习是一种智力游戏，复杂又充满了挑战。教师既要给学生主动学习的动力，又要培养学生主动学习的能力；既要关爱有加，又要严格要求。这样，学困生才能真正地走出学习的困境，成为这种"智力游戏"的掌控者。

冰冻三尺，非一日之寒。帮助学困生"脱困"是一场攻坚战，是一场持久战，更是一场爱心和智慧战。在英语教学中，只有突破学困生的天堑，你的教学才会精彩纷呈，风光无限。

温暖的旅程

西北师范大学第二附属中学　杨胜兴

有没有那么一本书，让你不忍心几眼看完？有没有那么一段旅程，让你不舍得几步走完？有没有那么一个故事，让你没来由就会想起，讲给你身边的人听？……

在细雨蒙蒙的今天，我批完了一摞如小山般的作业，开始构思下节班会课。想找灵感，偶翻毕业生留念册，看到高蕊的照片和她写给我的一段话，不禁心中一暖，一年前那节班会课的情形，又在我的脑海里清晰起来。

周五下午的大课间，班长刘樾气喘吁吁地跑进了办公室，未曾站稳便打开了"机关枪"："老师，这一周的情况给您汇报一下——"

"某某的作业又没交，一周已达四次。"

"某某和某某说别人闲话，又给同学起外号。"

"某某和某某大课间留在教室，没有完成打扫卫生任务。"

"有几个人在群里（学生自建的QQ群）抱怨说老师们最近不知怎么了，一个个'青面獠牙'怪吓人的。"

"另外，学习园地……"

"叮零零"，上课铃响了。他急匆匆跑开，我也长舒了一口气。夹起材料去开班会。一脚跨进教室，又看到了一片"荒凉"的学习园地，腾腾怒火瞬间被点燃。几欲喷薄而出之时，偷眼看到学生一个个齐刷刷站得整整齐齐，等我问好哩！只得强压着怒火装作若无其事地开始上课。

"同学们，今天的班会没有其他事情讨论，老师介绍一首诗，大家一起来品读。"转身，我在黑板上写了四句诗："浓霜打白菜，霜威空自严。不见菜心死，翻教菜心甜。"

"这是白居易咏白菜的一首诗。请大家读一读，谈谈你的感受。"我的话音刚落，底下已经迫不及待地举起了几双手。

有人说，这是一首五言绝句，写白菜的精神。

有人说，这是一首咏物诗，借物喻人。

有人说，这首诗词浅意深，写出了白菜不畏严寒的精神。

嗯，渐入佳境了，毕竟是初三的孩子了……我有点得意。刚想联系班长汇报的情况讲它的微言大义，蓦地看到一只手高高举起，是宣传委员兼第三组组长高蕊。"冤家路窄"啊，正想找你呢，不请自来，看你怎么说！

我让她站起来，发表自己的看法。"老师，我觉得这首诗充满了人生哲理，它似乎在说自然界的冰霜对白菜从普通蜕变到香甜有巨大的作用。就拿我们班来讲，老师们的严格要求似乎就是这冰霜，而经历了磨难的白菜就是久经训练之后的我们。最近班上的情况不太好，老师是想让我们严格要求自己，做好自己该做的事情。"和往日一样，目光犀利、见解独到、一语中的，这是她一贯的风格。话没说完，响起了阵阵掌声。

但我仍气不打一处来。说得好听，为什么不见行动呢？今天大课间的卫生就是你和组员打扫的，荒瘠的学习园地也是两周前就给你安排了的。我心里数落着她的种种不是，脱口而出一句话："高蕊，你说得非常好，但为什么做不到呢？"她惶惑地望着我。我指了指学习园地，说："都两周了，还是一无所有！"接着又说："今天大课间的卫生，听值周的同学说没有打扫？你难道是想食言而肥？"

话刚出口，原本站得笔直的她突然弯下腰，伸出双手重重地推掉桌上的书本，一屁股坐在凳子上抽噎起来。

我猛地惊醒过来，意识到刚才的话伤害到她了。活泼开朗的她，"人高马大"，身高嗓粗。每年体测的时候，她都想请假；每次体检的时候，医生总会说——体重超标。她在班上不同场合中，不止一次地说，她的人生目标是减肥成功。

……………

转眼间，毕业的脚步声响起，每一个人都在匆匆地忙碌着。离校前一天，互赠留言，我看到了她高大的身影。她走到我面前，莞尔，双手递给我一张她的照片，背后写了一段话：浓霜打白菜，霜威空自严。不见菜心死，翻教菜心甜。感谢老师，是您，以最严格的要求，成就了最自信的我！

我竟无言以对。那天我不是有意说她胖，只是无心之失。没想到，她一直记得此事。

看到她的留言和快乐的身影，我不由得鼻子一酸。我们每一个人，都像长在原野当中的白菜，自然、平凡，要经受生活的种种磨炼和考验，才能由一颗小小的菜苗长成香甜的白菜。正如有人所说："也许，白菜的好味道，很大程度上得益于秋霜凛冽。"也许，只有像白菜一样，经受住生活中的风刀霜剑，才能褪去浮躁换得平静，而这对于一个十五岁的孩子，更是难能可贵！

时光匆匆，一晃，我已经在班主任的岗位上摸爬滚打了八年。每次回想起这个孩子的事情，我都会冒些许冷汗：在班主任的岗位上，教师的无心之失，往往比有心作为更难让学生接受，更容易产生意想不到的后果。因此，我时常提醒自己，在面对学生的时候，要时时律己慎言，才能不断温暖前行。

第三篇

班会案例

"垃圾分类，从我做起"主题班会

兰州市第四十九中学　韩林孝

【班会对象】

全部学段学生。

【班会背景】

面对日益增长的垃圾和环境状况恶化的局面，如何通过垃圾分类管理，最大限度地实现垃圾资源再利用，减少垃圾处置量，改善生存环境质量，是当前世界各国共同关注的问题。中国作为一个拥有14亿人口的大国，每天产生的各种生产、生活垃圾数量是我们难以想象的。从保护环境、建设环境友好型社会的角度出发，实行垃圾分类、充分有效地利用垃圾、最大限度地降低污染是十分必要的。

【班会目的】

一、使学生知道垃圾的科学分类，认识垃圾分类的标志，认识垃圾分类的重要性。

二、使学生认识垃圾是宝贵的再生资源，初步学会垃圾分类的方法。

三、使学生树立节约资源和保护环境的意识，用实际行动做好垃圾的分类工作。

【重点难点】

一、学会如何正确地分类垃圾，合理地处理垃圾。

二、从自我做起，带动身边的人正确地对垃圾分类。

【班会准备】

学生在课前准备垃圾分类的各种资料。

【设计思路】

观看视频，并提出问题，目的是吸引学生的注意力，强化学生的环保意识。让学生们利用课余时间收集有关垃圾分类的知识，并在小组内进行汇报。教师总结，升华主题，让环保理念伴随学生成长。

【班会过程】

一、激趣导入，引入主题

活动一：头脑风暴——可爱的塑料袋VS可恨的塑料袋

课件出示活动规则：

（一）说说哪些是可爱的塑料袋，哪些是可恨的塑料袋。

（二）以小组为单位，每组选两名代表，找出塑料袋的好处和塑料袋的坏处，进行辩论。

（三）评出获胜组。

小结：

塑料袋的可爱之处：方便、轻薄、可随身携带、不漏水、保鲜、美观、卫生、耐脏、便宜实惠……

活动二：观看视频——塑料袋的利与弊

播放课件视频，让学生观看，并进一步了解塑料对人类生活的利与弊及"白色污染"。

小结：

人们把塑料给环境带来的灾难称为"白色污染"。为了保护环境，我们应该少用塑料袋，多循环使用环保袋。

同学们，你们知道吗？我们国家一天就产生大约4亿公斤的垃圾，一年全国就会产生2亿吨的垃圾，全世界每年约产生450亿吨垃圾。这么多的垃圾如果处理不好，会严重地影响我们美丽的生活环境。那么用什么方法处理这些垃圾更好呢？（进行垃圾分类。）对，同学们真聪明，处理垃圾最好的方法是进行垃圾分类。我们这节班会课的主题就是"垃圾分类，从我做起"。

二、分小组汇报，了解垃圾分类的相关知识

老师已布置同学们利用课余时间去收集有关垃圾分类的知识，现在分小组上来汇报你们收集到的资料。

第一小组：汇报生活垃圾分哪几类，包括哪些内容。

生活垃圾一般可分为四大类：可回收垃圾、厨余垃圾、有害垃圾和其他

垃圾。目前常用的垃圾处理方法主要有综合利用、卫生填埋、焚烧和堆肥。

（一）可回收垃圾。主要包括废纸、塑料、玻璃、金属和布料五大类。

废纸：主要包括报纸、期刊、图书、各种包装纸、办公用纸、广告纸、纸盒等。但是要注意纸巾和厕所纸由于水溶性太强不可回收。

塑料：主要包括各种塑料袋、塑料包装物、一次性塑料餐具、牙刷、矿泉水瓶、牙膏皮等。

玻璃：主要包括玻璃瓶、碎玻璃片、镜子、灯泡、暖瓶等。

金属物：主要包括易拉罐、罐头盒等。

布料：主要包括废弃衣服、桌布、毛巾、书包、鞋等。

通过综合处理回收利用，可以减少污染，节省资源。如每回收1吨废纸可造好纸850千克，节省木材300千克，比等量生产减少污染74%；每回收1吨塑料饮料瓶可获得0.7吨二级原料；每回收1吨废钢铁可炼好钢0.9吨，比用矿石冶炼节约成本47%，减少空气污染75%，减少97%的水污染和固体废物。

（二）厨余垃圾。包括剩菜剩饭、骨头、菜根菜叶、果皮等食品类废物，经生物技术就地处理可堆肥，每吨可生产0.3吨有机肥料。

（三）有害垃圾。包括废电池、废日光灯管、废水银温度计、过期药品等，这些垃圾需要特殊处理。

（四）其他垃圾。对于除上述几类垃圾之外的砖瓦陶瓷、渣土、卫生间废纸、纸巾等难以回收的废弃物，采取卫生填埋可有效减少其对地下水、地表水、土壤及空气的污染。

（参考《北京市生活垃圾管理条例》）

第二小组：讲垃圾分类的好处。

我国目前垃圾处理大多还采用传统的堆放填埋方式，占用上万亩土地，并且虫蝇乱飞、污水四溢、臭气熏天，严重地污染环境。进行垃圾分类可以减少垃圾处理量和处理设备，降低处理成本，减少土地资源的消耗，可以减少占地面积，减少环境污染，变废为宝，具有社会、经济、生态三方面的效益。

第三小组：介绍各种垃圾桶的颜色和标志。

为了让市民轻松对垃圾进行分类投放，垃圾桶的设计将按照国家垃圾分类标准分类，也就是不同分类垃圾桶采用不同颜色。

（一）红色表示堆放有害垃圾。

（二）蓝色表示堆放可回收垃圾。

（三）绿色表示堆放厨余垃圾。

（四）灰色表示堆放其他垃圾。

分类垃圾桶的标识统一采用白色，正面有指示性标识。

第四小组：以朗读的形式讲垃圾分类的顺口溜。

垃圾分类放，环境有保障。垃圾分一分，环境美十分。要使垃圾变为宝，分类回收不可少。世界变成大花园，垃圾分类是关键！垃圾分类人人做，做好分类为人人！积极参与垃圾分类，共同呵护美好家园。垃圾分类，从我做起；人人有责，利国利民。垃圾有家我送它，保护环境你我他。今天分一分，明天美十分。

第五小组：以手抄报的形式展示收集的垃圾分类资料。

略。

三、进行垃圾分类的知识问答竞赛

同学们，相信你们听了大家的介绍，对垃圾分类的知识已了解不少，下面进行垃圾分类的知识问答竞赛，比一比，看哪个同学记得牢。分三类题：

第一类是必答题：每一小组必须答一道题目，组员可以补答。答对一道题奖励一面小红旗。准备好了吗？

请第一组作答。我国城市一般把垃圾分成几类，它们分别是什么？（四类，可回收垃圾、厨余垃圾、有害垃圾、其他垃圾）

请第二组作答。四种垃圾分别应该投放到什么颜色的垃圾桶？（可回收垃圾（蓝色）、有害垃圾（红色）、厨余垃圾（绿色）、其他垃圾（灰色））

第三组：请列举两种厨余垃圾。（骨头、剩菜剩饭、瓜果皮等）

第四组：请列举两种可回收垃圾。（废纸、玻璃、易拉罐等）

第五组：请列举两种有害垃圾。（废电池、废日光灯管、废水银温度计、过期药品等）

第二类是抢答题：同学们对垃圾分类的认识可真不少。现在我们进入下一轮比赛——抢答。请举手最快、最安静的小组先回答。答对一题可加一面小红旗，答错了就要去掉一面小红旗。请同学们准备。

（一）西瓜皮是哪一种垃圾？（厨余垃圾）

（二）旧衣服属于哪一种垃圾？（可回收垃圾）

（三）纸巾属于哪一种垃圾？（其他垃圾）

（四）电池、打印墨盒、废旧灯管属于哪一种垃圾？（有害垃圾）

（五）易拉罐、罐头盒属于什么垃圾？（可回收垃圾）

第三类判断题：这轮题目主要考查同学们的反应能力，根据举手最快的小组来提问，快问快答。答对一题可加一面小红旗，答错了就要去掉一面小红旗。请同学们认真思考。

（一）生活垃圾分四类，它们是可回收垃圾、厨余垃圾、有害垃圾、其他垃圾。（对）

（二）报纸、书刊属于其他垃圾。（错，是可回收垃圾）

（三）废弃衣服属于可回收垃圾。（对）

（四）菜叶菜根属于其他垃圾。（错，是厨余垃圾）

（五）果皮属于厨余垃圾。（对）

统计比赛结果宣布获得胜利的小组。

四、小组讨论，商量进行垃圾分类的金点子

同学们，我们已掌握了不少垃圾分类的知识，让我们都参与到垃圾分类的活动中来。你们有什么好的点子呢？先进行小组讨论，后汇报。

一是分类精细，回收及时。最大类别有可燃物、不可燃物、资源类、有害类。这几类又可再细分为若干子项目，每个子项目又可再细分。二是管理到位，措施得当。三是人人自觉，认真细致。养成良好习惯，非一日之功。四是废物利用，节能环保。消灭城乡管理中"三不管"的死角，派专人来治理脏、乱、差的现象。

五、激情引趣，强化记忆

老师送同学们一首拍手歌，帮助我们把垃圾分类的知识记得更牢固。

你拍一，我拍一，不要随手扔垃圾。你拍二，我拍二，垃圾分成四大类。

你拍三，我拍三，可回收物利用全。你拍四，我拍四，有害厨余要处置。

你拍五，我拍五，处理垃圾不含糊。你拍六，我拍六，分类自然成习惯。

你拍七，我拍七，分好垃圾笑嘻嘻。你拍八，我拍八，美化环境顶呱呱。

你拍九，我拍九，垃圾分类要持久。你拍十，我拍十，垃圾分类我做起。

六、师生互动，共享收获

开展了"垃圾分类，从我做起"主题班会后，相信每个同学都有自己的收获，请同学们谈谈自己的收获。

【班会总结】

教师总结：同学们，相信你们通过这节"垃圾分类，从我做起"的主题班会课，都知道怎样对垃圾进行分类了。让我们从自己做起，进行垃圾分类。请同学们记住，今天分一分，明天美十分！齐心协力你我他，美好生活靠大家！（鼓掌）

"树立正确的苦乐观"主题班会

兰州市第二十中学　雷秋慧

【班会对象】

初三年级学生。

【班会背景】

近年来，近在我们身边，远在其他地方，因为种种原因，发生了不少学生离家出走、违法犯罪，甚至轻生的事件，且大有增长之势。为什么会这样？有人说世风日下；有人说独生子女生活太优渥，精神太脆弱；也有人说，现在的孩子负担重、压力大，"过度教育"剥夺了孩子的天性……不一而足。作为教育者，我们如何引导学生向上、向善？进入初三，课程增多，课业负担变重，学习中的困难不断涌现，叛逆期的各种生理、心理变化难以把握，中考的压力越来越大……各种各样的挫折和困难接踵而来。作为班主任，如何教育学生正确面对挫折，为孩子扬帆掌舵？除了教育学生要勇敢面对、克服困难以外，还有没有别的方法，或者说还有没有更好的方法或策略？且不说学生，即便是作为成年人，我们有时候也很苦恼，也会被困难束缚手脚。既然如此，何不给学生搭建一个平台，让他们出出气、发泄发泄，开诚布公地把自己的困难和挫折摆一摆、说一说？说着，听着，他们自然就会明白困难挫折乃人生常态，和吃饭睡觉没什么区别。为了让学生明白这一点，能像对待吃饭睡觉一样，看待挫折，直面挫折，成功跨越挫折，我特意组织了此次主题班会。

【班会目标】

一、通过本次班会引导学生懂得挫折是人生的常态，逃避不是办法，只有正确认识挫折、直面挫折，方能成就自我。

二、通过观看视频、讨论等环节，引导学生学会从不同角度看待挫折，用积极的态度对待挫折，会产生不同的结果。

三、通过讲述自己生活中的小挫折、参与主题辩论、给自己写信等环节，引导学生明白，挫折是一把双刃剑，消极对待会阻碍前进的脚步，积极面对则能为成功添砖加瓦。

【班会准备】

一、召开全体班委会成员会议，讨论本次班会主题、目标及内容。

二、分工协作，搜集整理有关事例、案例包括名人故事，确立主持人团队。

三、组织学生观看辩论赛视频，了解辩论要领和策略。

四、全班学生自由组合，组成正方和反方两个阵营，确立主辩手和副辩手，分工准备相关资料。

五、班主任统筹协调，确保此次班会顺利开展。

【班会过程】

一、主持人导入

（一）选取两个生活片段（学生自编自唱的一首歌、圣诞联欢会的照片）。

（二）万事如意，一帆风顺，事事顺心，是每个人的愿望，也是人生的终极理想。但现实生活却并非如此，我们必须承认挫折是人生的常态。

（屏幕显示：挫折是人生的常态，要树立正确的苦乐观）

二、说说你生活中的小挫折（学生自由发言）

（屏幕显示：你生活中的挫折）

三、观看视频

（一）无腿歌手陈州的励志故事。

（二）西安十岁男孩作业未完成，离家出走的资料。

讨论：视频中的主人公们遇到了什么样的挫折和困难？他们是如何应对的？为什么会出现两种不同的结果？

四、小故事，大道理

（一）两头驴的故事

（屏幕显示：态度）

启示：最后拯救老驴的不是农夫，而是农夫用来埋葬它的泥土堆和它自己。可见，对待挫折采取不同态度，会产生截然不同的结果。

（二）观看两可图形

（屏幕显示：角度）

启示：同一幅图，看的角度不同，得出的结果就不同，挫折也一样。

讨论：面对挫折你是怎么做的？应该怎么做？人生需要不需挫折？挫折是否有利于我们成长？

五、唇枪舌剑，一辩雌雄

正方：人生需要挫折，挫折有利于我们成长。

反方：人生不需要挫折，挫折不利于我们成长。

六、感悟人生

小刀实验。（屏幕显示：双刃剑）

启示：挫折如同手中的小刀，可能阻碍我们前进，也可能引领我们成功。

七、感悟成长

写下一句话或一段话，激励自己勇敢前行。

八、铮铮誓言

学生自由发言，大胆读出自己的心声。

九、班主任小结

（1）真正的勇士，敢于直面惨淡的人生，敢于正视淋漓的鲜血。

——鲁迅

（2）挫折就像一块石头，对弱者来说是绊脚石，使你停步不前；对强者来说是垫脚石，让你站得更高！

——巴尔扎克

十、播放音乐《阳光总在风雨后》

总结：成长的路上有阳光、有风雨，就看我们如何面对。我们要学会与命运抗争，勇敢面对生活，笑着完成每一次作业，笑着面对每一次考试，笑着度过每一天，让挫折成为我们成长的阶梯。我们无法定制自己的人生，但是我们可以把握当下，接纳自己，接纳苦难，接纳挫折。

"青春Style"主题班会

兰州市第二十中学　雷秋慧

【班会对象】

初二年级学生。

【班会时间】

周一下午班会课。

【班会背景】

最近几个月，身边的、远处的、报纸上、网络上、真实的、不真实的，各种关于学生轻生、离家出走，甚至走上违法犯罪道路的事例与报道，时不时进入公众视野。北大毕业生弑母案再一次给教育敲响了警钟。为什么会这样？原因无非下面几点：青春期叛逆，不愿意屈就在学校的小圈子里；不学无术，整日浑浑噩噩、无所事事，到校睡觉，回家吵闹，上课不听，学业不行；亲子关系紧张，早恋等情感纠结与困惑无法排解；特殊的家庭环境，青春期的小心思无人理解，负面情绪不能及时纠正与释放；物质丰富，精神空虚，无目标，无方向……不一而足。作为班主任，如何在与学生"相爱相杀"的日子里不从众、不倦怠？如何在琐碎的工作里找寻幸福？如何引导青春期的学生向上、向善？6月份的生物、地理会考，学生即将迎来的初三生活，学生在学习中的困难，学生在叛逆期的各种生理心理变化，来自各方的压力……各种困难、挑战接踵而至。作为班主任，如何正确应对？最近一个月班级突发麻疹疫情，前后有13名学生因麻疹、风疹、猩红热、过敏、病毒疹等病入院治疗。除了日常工作，量体温、随时监控学生的身体状况，成了我这一个多月的必修课。消除恐慌情绪，引导学生正确面对，鼓励学生勇敢战胜疾病和困难，是比应对麻疹病更棘手的工作。祸不单行，小明左耳撕裂，入院治疗……一系列事件让一向自称"打不死的小强"的我，有点束手无策。为了消除晦气，驱散阴霾，在上周五的家校联谊会上我特别举行了"告别童年集体生日仪式暨我的青春谁做主"青春礼活动。学生在隆重的仪式中体验成长、感悟成长，收效不错。为巩固青春礼的成效，进一步引导学生树立远大理想、奋力拼搏、不负青春、不负韶华，我特意组织了此次主题班会。

【班会目标】

（1）通过本次班会引导学生珍惜青春、奋力拼搏，以无畏的勇气直面挫折，以奋斗的精神向青春献礼。

（2）通过分析案例、观看视频、激情宣誓等环节，引导学生正确认识青春期及青春梦想，树立远大理想，用坚持的精神成就青春的精彩。

（3）引导学生参与讨论，共同协商解决青春期的问题，启发引导学生明白：青春期是人生的黄金时期，青春本身就是财富，唯有不懈的努力才配得上青春二字。

【班会准备】

（1）召开全体班委会成员会议，讨论本次班会主题、目标、议程及内容。

（2）分工协作，撰写案例、誓词、发言稿等，购买相关材料，如蛋糕、气球等。

（3）班主任统筹协调，确保此次班会成功举行。

【班会过程】

（一）主持人导入

（1）上周青春礼活动简单回顾。

（2）最近班级的"糟心事"。

（屏幕显示：青春是这个"样子的"）

（二）叛逆的青春案例选编

各小组抽取案例，并进行诊断分析，给出解决办法与对策。（详见附件2）

（屏幕显示：青春还是这个样子的）

（三）青春热线

我为青春建言献策。

讨论：青春应该是什么样子的？

（屏幕显示：青春应该是什么样子的？）

（四）观看视频

观看小视频《青年说》（三组青年科学家的事迹）。

讨论：他们的青春是什么样子的？

（屏幕显示：青春应该是这个样子的）

（五）小结提升

1. 他们的青春（引用）

（屏幕显示：影片中的话语）

青春的我们，5G的速度，改变的力量。

青春的我们，别无选择，只有坚持到底。

青春的我们，终将征服浩瀚的宇宙。

他们的青春是：奋斗的青春，激扬的青春，探索的青春，无悔的青春。

青春属于他们，更属于我们！

2. 齐诵

《少年中国说》。

（六）青春誓词

正文：见附件1

撰稿：冯锦荣。

领誓：冯锦荣。

【班会总结】

告别童年的幼稚，聚焦青春的困境，商讨解决的办法，青春的我们义不容辞，为自己负责，为青春添彩，为人生奠基，青春的我们无怨无悔。青春是一对翅膀，助力我们翱翔；青春是一粒种子，深深扎根泥土；青春是一场跌跌撞撞的旅行；青春注定是一段坎坷不平的路。我们不怕，我们无惧。青春，我们来了！

附1：

青春礼宣誓词

童年，是过去的怀念；
青春，是现在的奋斗；
请大家高举右拳跟我宣誓。
今天，我以青春的名义起誓：
我将勇往直前，不惧风雨，诠释青春的精彩；
我将自强不息，敢于挑战，展现青春的活力；
我将诚实守信，抛去自傲，保留青春的诚实；
我将志存高远，奋力拼搏，不负这青春韶华！

宣誓人：×××
2019年5月17日

附2：

叛逆的青春案例选编

案例一：

Mike同学各方面都好，就是不爱学习。经常因为不学习、不做作业、看电视、玩手机与爸爸妈妈起冲突，甚至大打出手。这一天，Mike想玩手机，妈妈不同意。于是Mike生气了，摔门回到了卧室。

此刻他怎么想？

案例二：

Jack同学长得很帅气，但脾气却很暴躁，动不动就发火；他很有才气，尤其喜欢打篮球，但学习上总是马马虎虎，尤其不爱学数学。为此，家长和老师没少"躺枪"。这一天，当老师批评他时，他一摔作业本，扭头就出了教室。

假如你是Jack，你会？

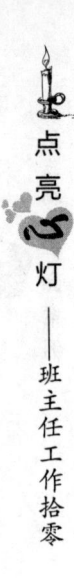

案例三：

David同学看似长得高高大大的，但还像个小学生一样，动不动就哭鼻子。平时做作业马马虎虎、磨磨唧唧，成绩忽高忽低；学习主动性不强，总是要老师跟在屁股后面催着、时时盯着。这天晚上，已经12点多了，David作业还未完成。这下可把妈妈给气坏了，于是……

请续写故事。

案例四：

Eric是一个可爱的胖小子。班上要是举办一个吃货大会，他肯定拿第一。可是一谈到学习，呵呵……这不，最近他又迷上了玩手机，手法实在是高。这天，妈妈刚打了个盹儿，Eric就偷偷地把游戏装备给买上了。妈妈一醒来，发现钱没了，于是……

请续写故事。

案例五：

Mary是一个漂亮的小姑娘，学习不错，人缘也好，可是最近却遇到了一件烦心事：隔壁班的一名男生约她放学后一起回家。她想了想，觉得并没有什么不妥，就答应了。于是每天上学放学都能看到他俩走在一起的身影。后来Marry的爸爸知道了这事，于是上纲上线，对她大加指责，甚至还给她扣上了"早恋"的帽子，坚决反对她和这位同学一起。这一天，当他俩正一起回家时，爸爸出现了……

假如你是Mary，你会……

案例六：

Bob最近遇见了一件"糟心事"：自从他得知自己并非妈妈亲生时，他老是觉得妈妈对妹妹比对他好。于是，他就开始跟妈妈对着干。他不知道自己这样做对不对，很苦恼。

请你给Bob支个招。

案例七：

Peter的爸爸和妈妈在他很小的时候就离婚了，现在他和爸爸，还有继母生活在一起。爸爸和继母对他很是照顾，但是他总会莫名其妙地感到烦躁。他很想去见自己的妈妈，但又怕见自己的妈妈。上个周末，妈妈打电话说，想见见他，他却不知道该怎么办。

请你给Peter支个招。

案例八：

Joe是一个腼腆的大男孩，兴趣爱好广泛，学习成绩不错，在同学中威信很高，但由于不善交际，他经常被班上一些同学耻笑。他也曾经苦恼过，但更多的时候，他并不在乎，依然在一步一步追求着自己的梦想。一大堆正经事儿等着他做呢！他想拍电影，他想写一本书，他甚至想环游世界……

你会向Joe学习吗？为什么？

案例九：

Jenny是一个不折不扣的学霸，还会跳舞，会演奏乐器，经常有各种奖项入手，是典型的"得奖专业户"。但她性格过于要强，对自己要求很严，凡事都要做到极致，但有时候力不从心。

假如你是Jenny，你会怎么做？

案例十：

Jim是个IT迷，凡是与电脑有关的，他都喜欢。除了上课、做作业，他将大多数时间都花在了电脑上。为了学到更多的计算机知识，他加了好几个QQ群。于是问题来了，他花在课程学习上的时间越来越少，甚至连睡觉时间也搭进去了。长期睡眠不足，状态不佳，他的成绩开始呈下滑趋势。家里人很担心，让他立刻退出所有群，放弃计算机爱好，专心学习，等到上大学时再潜心研究。他知道家人说的没错，但他仍然很矛盾。

请你帮他支个招！

案例十一：

Robot虽然学习不好，也没少让爸爸妈妈操心，但爸爸妈妈很爱他。可就在最近，这一切说变就变了。爸爸妈妈吵架了，妈妈一气之下离家出走，爸爸忙于工作，他成了没人管的孩子。一下子从天堂到了地狱，他怎么也适应不了，也想不通。

假如你是Robot，你会怎么做？

案例十二：

Claudia是个倔强的女孩，经常因为鸡毛蒜皮的事和妈妈吵架，和爸爸冷战，嫌妈妈唠叨，怨爸爸不理解。她情绪波动大，成绩忽高忽低，生活上马马虎虎、邋里邋遢。她有一股不服输的劲儿，也常常暗暗下定决心去做一些事，但多半是三分钟热度。她很懊悔，也很苦恼。

假如你是Claudia，你会怎么做？

"我的读书计划"主题班会

西北师范大学第二附属中学 屈睿

【班会对象】

初二年级第一学期学生。

【班会背景】

读书对一个人的成长所起到的重要作用无须赘言。多年后，也许我们已经不记得读过的书中都有怎样的内容，但是没有关系，这些内容早在不知不觉间变成了我们精神世界的一部分。读好的书，就是在与优秀的人对话；读好的书，就是在体验不同人生中的酸甜苦辣；读好的书，就是在为我们的精彩未来提供无数种可能。只要手中有书，势必心中有梦、脚下有路，人生处处如有高人指路。

然而，目前初中生的阅读情况不容乐观。首先，初中生面临中考，学习任务重、科目多，作业挤占了大量的课余时间，导致众多学生虽然明白读书的重要性，但是心有余而力不足。其次，有一部分初中生在小学阶段没有养成良好的阅读习惯，注意力被手机、电视、电脑所吸引，对书本缺乏兴趣。进入初中之后，虽然明白读书是比较重要的，但读书所需要的相关能力没有得到培养与发展，故而出现畏惧心理，不愿尝试。

学生进入初二后，学习难度加大，两极分化加剧，有一部分学生出现放弃学习的倾向，加之青春期性生理与心理的变化，学生很容易表现得比较浮躁，注意力也更加容易被别的事情所吸引。当然，经过初一一年的引导，学生已经清楚地了解了读书的重要作用，绝大多数学生也一直在坚持读书。此时开展"我的读书计划"主题班会，具有很重要的意义。

【班会目的】

（1）让学生在活动中体验读书给自己带来的快乐。

（2）利用本次活动，让学生喜欢读书，把书当成自己的挚友。

（3）引导学生多读课外书，从课外书中获取知识、增长见闻。

（4）争取借这次活动，在班级中营造良好的读书氛围，引导学生养成良好的读书习惯。

【重点难点】

（1）每天抽出一些空余时间让学生将读书活动真正落到实处。

（2）每天让学生坚持读书、摘抄、分享。

【班会准备】

培训主持人，收集读书故事、读书名言。

【设计思路】

1. 营造书香浓郁的读书氛围

（1）征集名人名言，制作书签。

（2）以身作则，从自身做起，争取养成每天读书的好习惯。

（3）记住自己喜欢的名人名言并写在自己的摘句本上。

2. 积极开展读书活动

指导学生每天坚持课外阅读，每周读一篇文章、一个成语故事。每天用10分钟交流读书所得。利用班会时间向同学们介绍自己看过的新书、好书或好文章，以形成良好的班级读书氛围。

【班会过程】

（一）主持人致辞

A：敬爱的老师们。

B：亲爱的同学们。

合：大家好。

A：书籍记载着人类成长的历程，将人类文明代代相传，绵延至今。

B：无论是精美绝伦的唐诗宋词，还是历久弥新的神话传说。

A：无论是严谨雄辩的哲学思想，还是奥妙无穷的科学知识，无不以书的形式传承至今。

B：书籍是人类进步的阶梯。读书，可以开阔我们的眼界，让我们增长见识，还可以让我们从中得到快乐。

A：古人云："腹有诗书气自华。"通过这次读书主题班会活动，我们希望同学们多读书、读好书。让书籍来滋润我们的心灵。

合：老师们、同学们，我们宣布××班"我的读书计划"主题班会正式开始！

（二）图片导入、问题导入，启发读书兴趣（全班同学随机提问）

A：下面请同学们欣赏投影幕布上的图片。

PPT展示"荷兰屋"图书馆废墟图片，主持人向全班同学解释。

被炸塌的屋子内，时光被定格在一瞬间。屋子的外面，一片狼藉。这时候，随时会有纳粹德国飞机再次空袭，恐怖笼罩着人们，生命随时可能被无情地剥夺。在被炸塌了的图书馆，有三名男子显然忘记了战争，忘记了人世的纷争，忘记了炮火的威力与残酷。

1940年，这三位读书人，向我们展示了某种信念的存在。德军对伦敦的轰炸，可以上溯到1940年9月。从那时开始，直到1941年5月10日，德军的轰炸遍及英国的各大城市和工业中心。其中，伦敦的遭遇最惨。有统计数字显示，德军对伦敦的狂轰滥炸持续了76个昼夜。其间，有10万座房屋被摧毁，有超过4.3万名市民死亡。伦敦因此成为二战期间遭受轰炸最严重的三座城市之一。

在对伦敦的狂轰滥炸中，恐怖和死亡会随时出现在伦敦的街头。但是，当战争席卷世界，当人间沦为地狱，总会有一些特例，告诉我们文明的力量还在，对知识的渴望还在。

B：同学们在课余时间会进行哪些活动？会在闲暇时间去看书吗？

A：同学们有去图书馆、书店的习惯吗？一般会看或者买哪些类型的书？

（三）讲名人读书故事（2名同学）

B：听完了同学们的想法和感受，我们请同学来分享一下古今中外名人的读书故事吧。

（四）学生推荐好书

带上自己的书，分享书中喜欢的人物和自己喜欢的句子或段落。（6名同学）

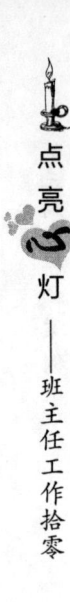

（五）分享读书

怎样读书？分享读书方法。（随机叫学生发言，主持人总结。）

（六）教师推荐适合学生的书籍

主持人发言。教师推荐适合学生在本阶段的学习生活中阅读的书籍。PPT播放读书名言，并由全班朗读。

书籍是巨大的力量。

——列宁

一本书像一艘船，带领我们从狭隘的地方，驶向生活的无限广阔的海洋。

——凯勒

黑发不知勤学早，白首方悔读书迟。

——颜真卿

书到用时方恨少，事非经过不知难。

——民谚

用心念书，是为了避免成为不中用的人。

——纪伯伦

半亩方塘一鉴开，天光云影共徘徊，问渠那得清如许？为有源头活水来。

——朱熹

少年读书，如隙中窥月；中年读书，如庭中望月；老年读书，如台上玩月。皆以阅历之浅深，为所得之浅深耳。

——张潮

最后的最后，我们请班主任为我们这次班会做总结发言。

【班会总结】

"读万卷书，行万里路。"读一本好书就如同和一个高尚的人对话。生命在不可逆地成长，为了能尽可能地将同学们的生命质量提高到更高水平，我们策划了这次"我的读书计划"主题班会，旨在激发同学们读书的兴趣，培养同学们读书的习惯。通过这次主题班会的开展，希望能够强化班级文化氛围，提高同学们的文化品位，并进一步克服同学们普遍存在的浮躁情绪，帮助同学们发展自我、完善自我。

我想这次班会的开展会对每位同学的成长产生积极的影响。读书学习活动是一个长期、有效、文明、健康的教育活动。今后我们要进一步深入开展读书活动，营造浓厚的读书氛围，培养大家良好的读书习惯。

与书相伴的人生，一定有质量、有生机；书香飘溢的校园，一定有内涵、有未来。

"远离早恋，拒绝早恋"主题班会

兰州东方学校　朱亚辉

【班会对象】

初二年级学生。

【班会背景】

初二年级是学生在初中学习生活最关键的一年，从某种意义上来说，初二年级出现的问题会影响到其在整个初中的学业，许多专家认为初二是初中阶段的"分水岭"，并认为此阶段极易出现早恋问题。这个阶段的学生正是情窦初开、风华正茂的年龄，随着身体的不断发育，心理也随之发生微妙的变化。对情和爱的好奇，对异性产生的朦朦胧胧的好感，会导致学习明显滑坡，失去前进的方向；上网交网友发生网恋，离家出走，甚至上了坏人的当，等等，这些现象对班风造成了极坏的影响。基于上述情况，一些家长和老师只要见到男女同学在一起走路或做其他事就会误以为早恋，让许多男女学生正常交往也搞得慌慌张张，这不利于异性同学间的正常交往。面对早恋这一困惑，我们召开了"远离早恋，拒绝早恋"的主题班会。

【班会目的】

（1）理解早恋的危害性，建立正确的人生观。

（2）掌握预防早恋的策略，明确学习目的，树立远大的理想。

【重点难点】

掌握预防早恋的策略，建立正确的人生观。

【班会形式】

播放视频、播放电影片段、学生讨论、倡议书、朗诵。

【班会准备】

（1）搜索相关的资料，制作课件、视频。

（2）确定主持人，准备倡议书。

（3）布置会场，准备奖品，排练。

【班会过程】

主持人引题：

由播放《学生因早恋引发跳楼被成功解救》的视频导入。

早恋是一朵不结果实的花，对学生的学习和生活会造成很大的影响，应时刻敲响早恋的警钟，防微杜渐，避免发生意想不到的事件。"远离早恋，拒绝早恋"主题班会现在开始。

1. 早恋的危害性

展示学生课前准备好的因早恋引发的负面案例，小组讨论归纳早恋在极端情况下的危害性：

（1）感情冲动"越轨"导致怀孕，无奈选择堕胎。

（2）为给对方购买礼物去抢劫，走上违法犯罪道路。

（3）争夺异性朋友，争风吃醋，斗殴伤害他人性命。

学生发言：荒废学业，损害健康，违法犯罪，自残自杀，葬送前途，家破人亡，扭曲人格。

（设计目的：通过因早恋引发的负面案例讨论分析，让学生知道早恋在极端情况下的危害性，他山之石，可以攻玉，希望早恋者赶快悬崖勒马，亡羊补牢。）

2. 预防早恋的策略

学生展示课前准备好预防早恋的成功案例，小组讨论归纳预防早恋的策略。

学生发言：把精力放在学习上，与异性同学正常交往。与异性同学真诚友爱，抛弃对异性同学的私心杂念。学会拒绝异性同学的示爱，出现困惑寻找老师、父母帮助指导。

（设计目的：通过展示和讨论预防早恋的成功案例，使学生掌握预防早恋的策略，敲响遏制早恋的警钟，防微杜渐，避免意想不到的悲剧发生。）

3. 什么是爱情

播放电影《泰坦尼克号》片段。（小组讨论）

爱情其实就是一种生活，与你爱的人相视一笑，默默牵手走过，无须言语，不用承诺。

爱情其实就是一种责任。

爱情其实就是一种缘分。

爱情其实就是一种人生。相濡以沫，不离不弃，挽着你的手，风雨一起经受。

（设计目的：通过活动，让学生知道从三皇五帝到如今，爱情一直是人类传唱不衰、古老而又新鲜的话题，我们都是无法回避的。人们用自己的生命保护自己所爱的人，用生命诠释着爱的真谛。爱情就是两颗心共同经受生活的甘苦，患难与共，同舟共济。）

4. 如何对待异性交往（小组讨论）

学会和异性正确相处，学会提高自身的素养，学会包容和关心。

（设计意图：学会与异性正常交往，能够更好地认识自己，享受美妙年华中所经历的一切美好。）

5. 倡议书签名活动

"远离早恋，拒绝早恋"倡议书签名活动（大家在黑板上签名，拍照片存档留念）。

（设计目的：倡导男女同学文明交往。大家都是同一屋檐下的兄弟姐妹，应该坦诚相待、互助友爱。）

【班会总结】

萧伯纳说："如果你有一个苹果，我有一个苹果，彼此交换，我们仍只有一个苹果；如果你有一种思想，我有一种思想，彼此交换，我们每个人就有了两种思想。"

那么应该如何建立积极向上、健康发展的异性关系呢？

1. 自然交往

在与异性交往的过程中，言语、表情、行为举止、情感流露及所思所想，要做到自然、顺畅，既不过分夸张，也不闪烁其词；既不盲目冲动，也不矫揉造作。消除异性交往中的不自然感是建立正常异性关系的前提。自然原则的最好的体现是，像对待同性同学那样对待异性同学，像建立同性关系那样建立异性关系，像进行同性交往那样进行异性交往。同学关系不要因为异性因素而变得不舒服或不自然。

2. 适度交往

异性交往的程度和方式要恰到好处，应为大多数人所接受。既不能为异性交往过早地萌生情爱，也不能因回避或拒绝异性而对对方造成心灵伤害。

当然，要做到为大多数人所接受有时也并不容易，只要做到自然适度、心中无愧，就不必多虑。

3. 真实坦诚

这是指异性交往的态度问题，要像结交同性朋友那样结交真朋友。

4. 留有余地

虽然是结交知心朋友，但是异性交往中，所言所行要留有余地，不能毫无顾忌。比如谈话中涉及两性之间的一些敏感话题时要回避，交往中的身体接触要有分寸，等等，特别是在与某位异性的长期交往中，要注意把握好双方关系的尺度。

"青少年法制教育"主题班会

——法与我们息息相关

兰州市第四十九中学 彭鑫嘉

【班会背景】

青少年承担着国家发展的时代重任，增强青少年的法律意识对国家的未来发展起着至关重要的作用。法制教育作为青少年成长阶段中必不可少的教育内容，在新时期背景下其教育方式应该立足于互联网背景，积极主动地适应时代新特点和新挑战，促使青少年在成长中成为守法、用法的新一代。

【班会目的】

利用这次班会活动，使学生了解各种法律法规，知道运用法律武器保护自身的权利和利益；使学生懂得什么是犯罪，什么是违法，自觉遵守和维护法律，增强同违法犯罪行为进行斗争的意识，提高运用法律的能力。

【重点难点】

随着我国经济的不断发展，我们的生活在一天天地发生着改变，我们身边也随之出现了形形色色的不同群体或个人，并且他们的行为有时会侵犯到我们的权利。此外，如果我们不懂法也可能侵犯到他人的权利。为了增强学生的法律意识，培养遵纪守法的能力，为此我准备了这次"青少年法制教育"主题班会。在这次班会上将通过各种形式来帮助学生了解掌握法律法规常识，从而使学生自觉遵守法律法规。

【班会准备】

查资料，做问卷调查，做分析（学生分工进行）。

【班会过程】

以小组为单位进行法律知识竞答。法律知识竞答分抽签必答和小组抢答两部分。必答题每题20分；抢答题答对一题得10分，答错扣10分。最后哪个小组得分最多哪个就是优胜小组。

（一）必答题

（1）《中华人民共和国未成年人保护法》公布和生效的时间是哪一天？
（2）制定《中华人民共和国未成年人保护法》的目的是什么？
（3）对未成年人教育的范围是什么？
（4）保护未成年人的工作应当遵循哪些原则？

（二）抢答题

（1）什么是未成年人？
（2）《中华人民共和国未成年人保护法》对父母不履行法定职责做了哪些规定？
（3）《中华人民共和国未成年人保护法》对招用未成年人有哪些规定？
（4）《中华人民共和国教育法》公布和实行的时间？
（5）《中华人民共和国教育法》共有多少条？多少章？
（6）《中华人民共和国义务教育法》是何时发布和施行的？
（7）违反《中华人民共和国义务教育法》应承担的法律责任有哪些？

主持人：（先总结比赛情况）通过刚才的知识竞答可以看出，同学们善于动脑，积极思考，不仅懂得了法律对我们每个人的意义，而且掌握了许多法律常识。下面，就让我们把身边发生的事情表达出来，让同学们分析这些行为，比一比，赛一赛，看哪个小组表达得最精彩。

法制小品比拼：

第一小组：表演正当防卫与防卫过当。

第二小组：在商场发生的事情。（事例：搜身是否违法。）

第三小组：见义勇为需要大家参与。（见义勇为者被刺，围观者没有一人支援。）

第四小组：强行借物（钱）不能"私了"。

（以上每个小品表演完之后都由组长向其他三组提出至少一个问题，小组讨论后抢答，答对得10分、答错不扣分。）

主持人：同学们，刚才同学们表演得特别精彩！课前老师让我们进行社会实践，你们有没有发现身边的违法行为？如果有请同学们说一说、议一议。

生1：有的同学向我借钱，我不借他就找人打我。

生2：我的朋友被打了，其他人帮他打架，不打就不够意思。

生3：放学有人跟踪我，怎么办？

生4：我看到有人偷别人钱财，我不知如何是好。

……………

画面一：录像厅内，乌烟瘴气，一群人在看录像、看投影。

画面二：一少年被黑社会绑架，警察和家长与黑社会智斗。

画面三：有人跳窗入室，进行盗窃，一人看见后却悄悄走开。

画面四：一毒品贩子正诱骗一群中学生吸烟。

主持人：通过刚才的观察、讨论，大家进一步明确了我们生活中存在的一些违法侵权行为。我们是学生，每天都要上学、放学，每天都要与他人接触，我们只有拥有法律意识，知道用法律维护自己的尊严和权利，才能高高兴兴出门去，平平安安回家来。下面请看各小组同学表演的文艺节目。

吐槽经历：

内容一：中国式过马路。

内容二：随地大小便。

内容三：不系安全带。

内容四：校园欺凌。

主持人：刚才，通过观察各小组的吐槽，你有什么收获？你今后打算怎么做？下面我们采访几个同学，请他们说一说自己的看法。

法制教育是重要的教育内容，应该作为青少年教育实践的基本出发点。随着时代的飞速发展，当今青少年法制教育的针对性和实效性也备受争议。互联网时代下，如何创新法制教育途径，创造青少年法制教育的新生态，是一个值得当前教育者思考的问题。

（三）青少年法制教育现状分析

1. 青少年法制素养存在多个维度的不平衡

虽然目前我国各个地区的学校都开展了相关的青少年法制教育课程，但是由于教育力度不同，教师和学校领导对法制教育的重视程度不同，再加上我国的应试教育背景，造成了青少年法制教育水平参差不齐，青少年法制素养存在多个维度的不平衡。个别教师和家长更加关注学生的智力课程，重视学生的考试成绩，导致对学生法律意识培养的忽略。而个别教师在教育课堂上的教学常常流于形式，没有深入地对法制内容进行讲解和挖掘，使得法制教学的效率和质量低下。

2. 法制教育师资配置和教学能力不足

基于新课改的背景，当前有很多教师仍然没有转变传统的教学观念，对德育教育和法制教育的重视程度不够。同时，只有少数的学校配备了专门的法制教育教师。在很多学校中，法制教育的教师还是由其他学科的教师兼任，教师教学能力的不足也是影响青少年法制教育实效性的一大原因。与此同时，教师在开展教学活动的时候，教学方式单一枯燥，灌输式的教学手段也降低了学生对法制教育学习的积极性，进而导致青少年对法律常识的掌握水平不高，犯罪概率不断增加。

3. 家庭教育观念滞后

和发达国家相比，我国的大部分家长更加关注孩子学习成绩和特长的培养，常常片面地加强孩子的学习力度，对孩子在成长过程中的法律意识和道德品质的培养有所疏忽。再加上个别家长的溺爱，用金钱和物质等方式去激励孩子努力学习，面对孩子的各种要求都一味地满足，久而久之就会造成孩子价值观的扭曲。

（四）青少年法制教育实效性的提升途径

1. 丰富学校法制教育形式

对学生进行法律常识教育，帮助学生懂得什么是法、法的阶级本质和作用以及相关的政策法令等，不断引导学生自觉遵守法律，并勇于同一切违法现象做斗争。学校领导和教师应该积极重视青少年法制教育活动，创新多样化的教育形式，调动学生的积极性。

2. 依托互联网传播法制正能量

法制教育还应该积极依托互联网，借助各种新媒体的优势，加强对青少年法制教育的宣传。例如，学校和社会可以借助网络平台，开辟相关的法制教育专栏，不断扩展法制教育的广度和深度。可利用青少年喜欢上网的特点，随时发布和法制教育相关的新闻视频等，在潜移默化中将青少年法制教育的意识内化于心。此外，教师和家长还应该充分发挥新媒体的优势，借助新媒体增加青少年对法制学习的兴趣。各地政府部门还可以开发专门针对青少年法制教育活动的网站和微信公众号等，以新鲜有趣的网络语言、图文并茂的内容形式，让学生懂得在行使自己民主权利的时候，不得损害国家、社会和集体的利益以及人民的民主权利。

3. 提升青少年自主学习意识

学校、家庭和社会在宣传法制教育的过程中，一定要发挥青少年的主观能动性，培养其自主学习的意识，这样才能够在实际的法制教育中达到事半功倍的效果。首先，应该积极引导青少年客观准确地认识自己，并结合自身的实际情况进行自我设计，制定出科学合理的阶段性发展目标。其次，引导青少年发展多样化的学习形式；让青少年对法律问题或者真实案例，进行深入剖析和反思。通过信息平台等，让青少年积极交流互动，促使其互相学习、共同进步，最终让学生学会运用法律来保护自身的利益。

4. 全方位开展法制教育

积极整合学校、家庭和社会等多方面的力量，多管齐下形成合力，努力为青少年创设一个健康和谐的法律环境。首先，应该明确学校、家庭和社会的各自的目标，互相之间进行配合，形成互补。其次，应加大对青少年法制教育宣传资金的投入，有效地保障法制教育的持续化发展。最后，要坚持法制教育和学校教学同步进行，确保各个方面都能够得到贯彻落实，将法制教育融入青少年生活学习中。通过全方位开展法制教育，教育学生懂得我国的根本大法是宪法，并且也是保障中国特色社会主义建设的强大武器，每个公民都享有法律规定的权利，同时又要积极履行法律规定的义务。

【班会总结】

1. 主持人总结

同学们，青少年法制教育工作是推动中国特色社会主义建设的重中之重，互联网时代背景下，学校、社会和家庭应该对法制教育予以重视，采取有效的教育方式，不断强化青少年法制教育，促使学生的法制综合素养得到全面健康的提升。

2. 班主任总结

同学们，老师首先祝贺你们班会开得如此成功。通过这次班会，同学们进一步认识了法律法规的意义，愿同学们从小树立法律意识，让法律永远与你们相随，让幸福快乐永远与你们相伴！

"情绪控制"主题班会

西北师范大学第二附属中学 屈睿

【班会对象】

初一第二学期学生。

【班会背景】

在心理学中，情绪是指伴随着认知和意识过程产生的对外界事物态度的体验，它是人脑对客观外界事物与主体需求之间关系的反应，是以个体需要为中介的一种心理活动。虽然不同的学者给情绪下的定义各不相同，但他们也都承认情绪是由以下三种成分组成的：①身体的变化，这些变化是情绪的表达形式。②有意识的体验。③认知的成分，涉及对外界事物的评价。

情绪在人的一生中都扮演着非常重要的角色，我们经常能看到一些极端事件的新闻报道，仔细分析这些案例，我们往往能从中发现情绪失控的影子。比如近些年频频见诸报端的青少年自杀事件，尽管这些极端事件背后都有着各不相同的深层原因，但它们也往往都表现出一个相同的特点，即做出这些行动的人当时都陷入了情绪失控的泥潭。

对于初中学生来说，随着他们进入青春期，他们的身体发生了巨大的变化，在各种激素的作用下，他们的情绪也变得比以往更加容易激动，同时也更加多变。为了帮助他们更好地了解自身的变化，生物学科中设置了人体结构的相关内容，道德与法制科目中设置了情绪管理的相关内容，而心理学科目中也设置了心理与情绪的相关内容。

在这个基础上，很有必要再开展一节与情绪相关的主题班会，以期更好地让学生认识自己的情绪，"看见"这些情绪，同时教会学生用健康积极的方式将一些不良情绪发泄出来，"疏通"而非"堵塞"，让学生能够更加平稳健康地度过青春期，并且能够用所学到的疏导不良情绪的方式更好地应对未来生活中出现的风浪。

【班会目的】

（1）认识不同的情绪。

（2）接纳自身出现的不良情绪。

（3）给不良情绪找到一些出口。

【重点难点】

本次主题班会的重点是要让学生在正确认识不同情绪的基础上，学会用一些积极健康的方式来发泄一些不良情绪。本次主题班会的难点是引导学生进行换位思考，与案例中的主人公进行共情，深刻体会案例主人公当时产生的情绪。

【班会准备】

（1）下载有关情绪的两段视频，第一段视频为动画短片，题为《看一看情绪暴走的你》；第二段视频为心理视频，题为《情绪到底对健康有多大影响》。

（2）搜集若干有代表性的产生不同情绪的案例。

（3）寻找一些擅长表演的同学，将这些案例表演出来。

（4）查阅相关心理学书籍，搜集一些发泄不良情绪的方法。

（5）制作本次主题班会的PPT。

【设计思路】

（1）通过视频导入本次班会的主题——情绪。

（2）邀请四组同学表演四个案例，分组讨论，认识不同的情绪。

（3）了解不良情绪，以及情绪对人健康方面的影响。

（4）总结一些发泄不良情绪的健康积极的方法。

【班会过程】

（1）师：今天的班会课上，我想介绍一些老朋友给大家认识，大家知道他们是谁吗？请大家观看一段视频，来认识他们吧。（播放第一段视频。）

师：谁来告诉我，这些老朋友是什么呢？（PPT呈现答案，各种不同的情绪。PPT呈现卡通人物形象，配上文字：嗨，我叫情绪，就住在你的身体里！）

（2）师：我们每个人的身体里都住着这些老朋友们。它们有的活泼可爱，有的面目狰狞；有的每天欢声笑语，也有的每天愁眉苦脸。同学们，你们认识它们吗？你能说出它们的特点吗？你能叫出它们的名字吗？我们以学习小组为单位，展开一次讨论吧。（讨论结束后，要求学习小组的代表进行发言。）

（3）师：刚才大家的表现都非常出色，原来大家对这些老朋友还是非常了解的。那么，这些老朋友会在哪些特定的时刻出现，并跟你打招呼呢？接下来请大家一起欣赏四幕短剧。记住哦，从现在开始，你就是剧中的主人公了，请跟随他们的脚步，一起体会主人公们的喜怒哀乐吧。（四组学生表演下面四个案例。）

第一个案例：小华今年上初二了。这天，小华的妈妈告诉小华的爸爸，她今天接到了班主任老师打过来的电话，班主任告诉她，最近班上有个男生喜欢上了小华，要小华的妈妈留意小华的各种表现。小华的爸爸听完之后火冒三丈，认为肯定是小华自己行为不端才招来了"小混混"，因此狠狠打了小华一顿。

第二个案例：小乐是一名初一的男生。这天，他的妈妈接到了班主任的电话，让她到学校去一趟。小乐的妈妈匆匆来到班主任的办公室，发现原来是小乐与班上的一位男生打架了。小乐的妈妈非常生气，不等问清事情的原委就当着办公室里老师们的面批评起小乐来。后来班主任老师解释了事情的来龙去脉，原来两名同学都有一定的责任。在回家的路上，小乐的妈妈还是很生气，她不断地责骂小乐，说小乐是个惹祸精，养他一点用也没有，成绩那么差，还好意思跟别人打架，怎么不去死，活着简直是她的耻辱。

第三个案例：小桃是一名初一的女生。有一天，她的同桌告诉老师，她放在桌仓里的两百元钱不见了，她怀疑是小桃偷的，因为此前他们都去了操场上体育课，但小桃由于身体不舒服所以请了假待在教室。而且小桃的同桌一向不太喜欢小桃，觉得小桃家境一般，平时穿的、用的也都非常普通，在她看来，小桃这样的女孩很可能会偷走别人的钱。班主任老师听了小桃同桌的话，也有些怀疑小桃，暗示小桃，如果真是她拿的，那就赶紧给人家还回去。

第四个案例：小江是一名初一的男生，他还有个弟弟上小学三年级。因为比弟弟大四岁，在日常的生活中，但凡他跟弟弟发生矛盾，爸爸妈妈总是会批评他。这天，弟弟把电视机的声音开得非常大，打扰到他做作业了，他就要求弟弟把声音关小点，结果弟弟大哭大闹。妈妈就批评小江说，弟弟看个电视而已，做作业如果很专注，理应不会受到电视声音的影响。当年毛主席在闹市中也照样能静下心看书呢。小江只好很郁闷地做作业去了。有一天，小江的弟弟在读书，小江做完了作业准备看一会电视，刚打开电视机，他的弟弟就开始大声抗议，说他在读书，小江看电视会影响他。妈妈听到之后，对小江说，作为哥哥要学会关心弟弟、照顾弟弟，弟弟在读书，怎么能看电视影响他呢。

（4）师：看完这几幕短剧之后，你都有些什么感受呢？现在假设我们是剧中的主人公，小华、小乐、小桃和小江，想象一下，你当时会产生怎样的情绪呢？（留给学生思考的时间，然后邀请若干位学生发表自己的看法。）

（5）师：刚才大家提到的这些情绪，都有一个共同的特征，那就是它们都比较负面、比较阴暗，我们可以称这些情绪为不良情绪。接下来大家再次以学习小组为单位，讨论一下人们都会产生哪些不良情绪，不良情绪会对我们产生怎样的影响。（让学生以学习小组为单位进行讨论，然后邀请各组的代表发表本组的看法。）

（6）师：大家刚才都说得很好，现在我想再次邀请大家观看一段视频。看的过程中我们一起来思考，情绪会对我们的健康产生怎样的影响。（播放视频，让学生了解情绪对健康产生的影响。）

（7）师：既然情绪对人的健康会产生如此大的影响，那我们在产生不良情绪的时候应该怎么做呢？接下来我们再次进行分组讨论，假设你是刚才短剧中的主人公，你接下来会怎么做。（让学生进行小组讨论，然后邀请各组代表发表自己的看法。）

（8）师：大家刚才都提到了一些很好的办法，来为我们的不良情绪找到一些发泄的出口。总结起来，当产生不良情绪时，我们可以采用以下的办法来让这些情绪得以释放，比如，转移注意力，进行心理暗示，换位思考，找好朋友倾诉，记日记，必要的时候，甚至可以大哭一场。但是我们应该记住，哪怕是这些不良的情绪，也是我们生命中忠诚的朋友，我们应该接纳它们，与它们和谐共处，千万不能压抑它们，批判它们，否定它们，否则我们的身体会受到伤害。

【班会总结】

本次主题班会通过形式多样的活动，带领大家认识了各种各样的情绪，也了解了情绪对人的健康可能会产生的影响，并且总结出了一些释放不良情绪的积极方法。通过本次班会，希望能够培养并提高同学们控制自己情绪的能力，成为自己情绪的主人，以健康积极的心态迎接未来有可能会遇到的风浪。

"静能生慧，宁静致远"主题班会

西北师范大学第二附属中学 杨胜兴

【班会对象】

初二第一学期学生。

【班会背景】

（1）学校足球联赛中本班两轮都输了，学生有情绪。

（2）单元检测中学生失利，有压力。

（3）调查问卷显示学生烦恼较多，但认识较模糊。

【班会目的】

（1）解决班级自习不能保持安静的问题。

（2）通过班会，引导学生在活动中体验安静的重要性和必要性。

（3）培养学生养成遵守公共秩序的良好习惯和提高自我要求的素养。

（4）学会客观评价自我，学习在日常生活中提高自我约束能力。

【班会准备】

教师准备：

（1）制作PPT。

（2）制作调查问卷。

（3）搜集关于"安静"的小故事。

【设计思路】

（一）引语

（1）小故事导入。（《近思录》中程颢教学生谢显道学习的故事）

（2）小实验。

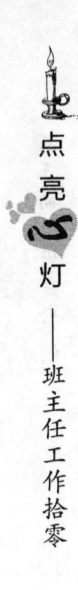

（二）自语

（1）现象一：国人旅游的表现。

（2）现象二：教室里学生的状况。

（3）我们的现状（学生自我诊断）。

（三）他语

（1）文化良方（古今神往，中外偏爱）。

（2）自我对照，提升前行。

（四）教师寄语

【班会过程】

环节一：导入新课

1. 小故事

一天，程颢对谢显道说："你们这样跟着我只学到了我的言语，导致你们的学问表里不一，何不在实践上下功夫？"谢于是问该如何做，程颢就让他静坐，并说其弟程颐每次看见有人静坐，就说这个人善于学习。（《近思录》）

2. 小实验

第一步：全班学生分A、B两组，同时背诵两首不同的诗。

第二步：请学生闭上眼，安静地待两分钟，想象自己处在一个非常闲适的环境中，然后慢慢睁开眼睛，回想一下今天数学课所学的内容。

第三步：学生在自己的座位上在两分钟内制造出尽可能大的声音。然后安静下来，再回想一下今天物理课所讲的内容。

结论：事实证明，只有安静的氛围，才能有助于做好一件事（包括学习）。

环节二：自语

（1）虽然，大多数同学都明白安静对于我们的重要性，但在日常生活中，需要安静的地方却不能安静下来的情况比比皆是。请大家想一想，有哪些呢？

教师举例：

① 中国游客的"壮举"。（PPT展示图片。）

② 国人的扎堆和大嗓门。（PPT出示故事：游客在巴黎卢浮宫大吵大嚷，管理员干涉。）

（2）想一想：校园中有哪些不安静的表现呢？

PPT出示：在教室或楼道打闹；在厕所相互泼水嬉闹；在教室大喊大叫；上课不认真听讲，说话；在老师办公室随意大声说话……

（3）浮躁的表现。

PPT出示：

① 听不进。觉得上课老师讲的东西太简单，不值一听，或是哈欠连天，或是交头接耳，根本不管老师在讲什么。

② 坐不住。在课上找各种借口不听，东张西望。

③ 改不了。浪费时间、虚度光阴后也曾后悔，短时间内能意识到自己的错误，但几天后依然如故，虎头蛇尾，不了了之。

环节三：他语

1.也许，你现在正面临着这种情况，怎么办呢？

中国传统文化给我们开了一剂文化良药。

在中国传统文化的精髓中，有这样一个字眼，它无影无形，无声、无色、无味，却无处不在，无所不能……它就是"静"。（PPT出示。）

这个"静"字，古今神往。道家尊奉它，曰静则神藏，躁则消亡。儒家推崇它，曰水静犹明，而况心乎？兵家看中它，曰每临大事，必有静气。学者提倡它，曰万物静观皆自得，人到无求品自高。

这个"静"字，中外偏爱，如西方有"Still waters run deep（静能生慧）""Fair and softly go far in a day（静水流深）""He is a wise man who speaks little（宁静致远）"。

2."静"有什么作用呢？

"静"是化解疲劳的法宝，心态平稳的妙招，聚精会神的秘诀，增智生慧的至途。

因此，我们应该"入室当静，非宁静无以致远；入座即学，真学习方能成才"。

环节四：寄语

听到这儿，相信大家燥热的心应该有所降温了，请闭上眼调匀呼吸，默想自己的不足。

总之，请大家在学习之余于宁静处聆听生命绽放的华音。安静，是一种美德；心静，是一种修养。

你的安静，给他人以温馨，体现的是一种修养，一种人与人之间的尊重，一种对我们共同生活环境的爱护。学会安静需要从每一件小事做起，从自身做起。

"迎战中考，感恩母校——我们的二附岁月"主题班会

西北师范大学第二附属中学　杨胜兴

【班会对象】

初三第二学期学生。

【班会背景】

（1）初中即将毕业，学生有不舍、留恋，也有学业压力。

（2）部分学生内心比较复杂，情绪难以宣泄。

（3）感恩母校教育。

【班会目的】

（1）疏导学生的考前焦虑，给学生以安慰。

（2）通过班会，引导学生在活动中回顾往日的母校生活，重新点燃前行的激情。

（3）感恩母校，为母校争光。

【重点难点】

疏导学生考前焦虑、压力。在对过去的近三年初中生活的回顾中，感受浓浓的同学情、师生情。在温馨的回忆中感恩母校，激发前行的动力，为母校争光。

【班会准备】

教师准备：

（1）制作PPT。

（2）制作带学校logo的信纸。

（3）查阅资料，学习心理学上关于"高原期"的相关知识。

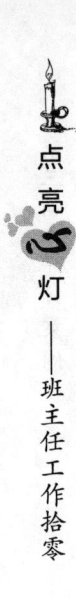

【设计思路】

（1）主持人开场。

（2）"忆过去，话成长。"情景剧表演《那一段美好时光》，表演者董佳凝、李佳怿等。

（3）"看今日，战中考。"教师做微型讲座：《高原期——如何度过最后的几天》。

（4）"绘明天，抒真情。"毕业生代表给学弟学妹加油打气。

（5）尾声：班主任总结发言。

【班会过程】

开场：

（主持人——甲，于轩；乙，陈泓先。）

甲：时光荏苒。

乙：岁月如梭。

（合）：在滴答、滴答的钟表声中，中考的脚步越来越近。昔日的雏鹰，如今羽翼丰满，正欲搏击长空。三年的学习生活即将画上圆满的句号，我们即将告别亲爱的母校。

甲：紧张、烦躁、无助、兴奋、憧憬……各种心情难掩心中留恋。

乙：三年来的生活，还在我们眼前不断闪现。

（合）：那一幕幕的情景，我们永远也不会忘掉。

甲：在这三年中，我们经历了许许多多难以忘怀的事。

乙：一字字，一句句，诉说不尽我们对母校的留恋之情。

（合）：一件件，一桩桩，都是我们成长进步的脚印。

（合）：亲爱的同学们，西北师范大学第二附属中学2018届九年级（3）班"迎战中考，感恩母校——我们的二附岁月"主题班会现在开始。

环节一：忆过去，话成长

甲：三年前，我们告别了幼年的无知，好奇地走进了这座美丽而又略显陌生的校园。

乙：三年后，我们已变得成熟而干练。带着对未来的憧憬和梦想，我们将从这里扬帆远航。在即将远航的时刻，你是否还留恋这个让你魂牵梦绕的地方。请欣赏《那一段美好时光》，表演者：董佳凝、李佳怿等。

环节二：看今日，战中考

甲：初中三年，弹指一挥间，在二附中这块沃土上——

泪水，曾在这里挥洒；

才华，也在这里闪耀；

热情，正在这里燃烧；

友谊，将在这里结晶。

时间的脚步总是那么匆匆，不容我们喘息，它就要带着我们冲向中考的战场。

乙：初出茅庐的我们，在中考的复习备考高山上负重前行的我们，还想再听听老师的教导和鼓励。有请班主任杨老师。

（教师做微型讲座：《高原期——如何度过最后的几天》）

环节三：绘明天，抒真情

甲：每一个人在追求成功的道路上都会有这样的一个阶段，如何平稳地度过，是当务之急。感谢老师细致的讲解和分析，相信大家心头的重担已经卸掉了一半。

乙：其实，亲爱的同学们，我们不是一个人在战斗，除了父母默默无语地陪伴，老师及时地把握方向外，还有一群未曾谋面的学长们，也在关心我们成长。

甲：有请西北师范大学第二附属中学2015届九年级（3）班的学长们。他们刚刚从高考的战场上走下来，匆匆赶来为我们呐喊助威、加油鼓劲。

（学长代表向学校赠送书法作品。"'严勤实恒，助我成长'，这是我们送给母校的。'迎战中考，舍我其谁'，这是我们送给学弟学妹的。预祝大家中考成功！另外，我们还有些同学不能到场，给大家录制了加油视频。）

合：谢谢学长们！（鞠躬）

乙：接下来，请欣赏诗朗诵《相信未来》，朗诵者：道尔吉、刘嘉琪。

甲：无论你的处境多么坎坷，有这么多人的关心，你应该信心满满；无论你的心情多么低落，有这么多人的鼓励，你更应该对自己的未来充满信心。

乙：请相信吧，冬天已经过去，春天还会远吗？请相信吧，机会就在眼前，中考即将过去，未来之门已经打开。

甲：你的。

乙：我的。

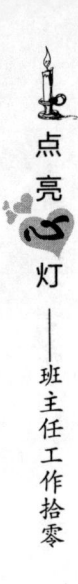

（合）：我们的——明天！将是充满辉煌的时刻。

同学们，请拿起你手中的笔，把你最美好的祝愿写在信纸上，把它装进信封里，邮寄给你最要好的、最难忘的、最刻骨铭心的朋友吧！

（活动：明天，你好！给明天的你写封信，教师准备信封和信纸。）

尾声：

甲：时光匆匆，三年的同窗生活，三年的酸甜苦辣……我们有说不尽的话语，愿这薄薄的信纸能承载我们厚厚的情谊。

乙：热情的赞歌唱不尽我们对友谊的一往情深，欢快的笑声表达不尽我们对母校的敬意。

甲：绚烂的六月，我们将带着恩师的叮咛，怀着必胜的信心，迎接中考。

乙：流火的七月，我们将载着母校的祝愿，带着亲人的希望，向着新的征程扬帆起航。

合：亲爱的老师啊，您对我们的谆谆教诲让我们受益终身，我们绝不会辜负您对我们的殷切期望。明天您一定会听见，万水千山，都传来我们的歌声；明天您一定会看见，天涯海角，都有我们努力的身影！亲爱的母校啊，请您相信，有我们，就会有祖国的未来；有我们，就会有美好的明天！

甲：请全体起立。让我们放声歌唱《明天，你好》，献给每一位帮助过我们的人、从二附走过的人；献给我们的母校。

（学生齐唱《明天，你好》。）

师：同学们，短短的三年，转瞬即逝。此时此刻，我想说，今天的成功，是因为昨天的积累；明天的成功，是因为今天的努力。真正努力的人，都会有一次次骄人的成绩。亲爱的同学们，请相信未来吧！希望在今后的人生道路上，你们能够勇敢拼搏，奋勇向前。走累的时候，常回家看看。

合："送君千里，终有一别。"让我们珍藏起离别的愁绪，挥一挥手，道一声珍重。祝同学们中考顺利，心想事成。

甲、乙：同学们，老师们，西北师范大学第二附属中学九年级（3）班"迎战中考，感恩母校——我们的二附岁月"主题班会到此结束。

"相信自己，我可以更优秀"主题班会

兰州市第十七中学　张兆雄

【班会对象】

八年级第一学期期中考试后的学生。

【班会背景】

八年级学生正处在急剧转型期，叛逆期和身心巨变期的到来，物理学科的出现，各科学习难度的不断上升，这些问题都在困扰着八年级学生。而教学改革的深入也使得教师的教学方法在对学生的教学中进行着不断的调整。期中考试后，一部分学生有了迷茫的情绪——我是谁？我从哪里来？我要到哪里去？如何帮助他们平稳度过八年级第一学期期中考试后的变化期，培育学生的自信心，是期中考试后我们要通过本节班会课努力解决的！

【班会思想】

活动坚持贴近实际、贴近生活的原则，从思想实际和生活实际出发，有针对性地解决班集体的实际问题，从学生想而不清、思而不解的问题中，提炼出带有启迪性的问题。通过生动活泼的活动形式，循循善诱地帮助学生解决现实生活中的问题，不断发展和丰富学生的生活经验，以正确的价值观引导学生自信起来，过上幸福完整的教育生活！

【班会目的】

（1）创设轻松和谐的活动氛围，充分发挥集体教育作用，引导学生正确对待生活中的问题和挫折，树立自信，初步形成积极进取的生活态度。

（2）引导学生利用多种感官去观察、体验、感悟生活。让学生在活动中探究，在探究中发现和解决问题。引导学生重视"天天向上计划表"，通过对计划的落实，不断增强自信。

（3）通过本次主题班会，让学生树立信心，相信"天生我材必有用"，并树立近期目标和远大的理想,为成为优秀学生而努力!

【班会准备】

(1)首先由班主任在班委会议上下达开展此次班会的任务。

(2)学生课后收集相关材料。

(3)由班长着手查找歌曲《相信自己》,课间播放。

(4)黑板上写好班会主题"相信自己,我可以更优秀"。

(5)督促同学落实"天天向上计划表",收集资料,做好评价,整理成长档案。评选计划落实表现优秀者及个人成长档案设计优秀者。

【班会过程】

(一)教师宣布活动开始

由张家琪、周晓露主持本次班会。

(二)相信自己——欣赏视频

《尼克·胡哲——没手、没脚、没忧虑》。

(三)说说生活中励志的人或事

乔·吉拉德的成功之处

乔·吉拉德——世界汽车销售冠军,他是世界上最伟大的销售员,他连续12年荣登《吉尼斯世界纪录大全》世界销售第一的宝座,他所保持的世界汽车销售纪录——连续12年平均每天销售6辆车,至今无人能打破。他因售出13000多辆汽车创造了商品销售最高纪录而被载入《吉尼斯世界纪录大全》。他曾经连续15年成为世界上售出新汽车最多的人,其中6年平均每年售出汽车1300辆。

乔·吉拉德也是全球受欢迎的演讲大师,曾为世界500强企业精英传授他的宝贵经验。来自世界各地数以百万计的人被他的演讲所感动,被他的事迹所激励。然而,35岁以前,乔·吉拉德是个全盘的失败者。他患有相当严重的口吃,换过40个工作仍一事无成,甚至当过小偷,开过赌场。然而,谁能想象得到,像这样一个谁都不看好,而且是背了一身债务几乎走投无路的人,竟然能够在短短3年内爬上世界第一,后被吉尼斯世界纪录称为"世界上最伟大的推销员"。他是怎样做到的呢?虚心学习、努力执着、注重服务与真诚分享是乔·吉拉德4个最重要的成功关键因素。销售是需要智慧和策略的事业，但在我们看来，信心和执着最重要，因为没人会想到乔·吉拉德后来的辉煌！由此可以推断，如果你的出身比乔·吉拉德强，没有偷过东西，不口吃，那你更有可能成功，除非你对自己没有信心。

（四）出示自信心测试调查分析表

根据自己的情况在括号中填"是"或"否"。

1. 我觉得自己有不少优点。（　　）
2. 我喜欢在课堂上回答问题。（　　）
3. 与陌生人相处，我很少局促不安。（　　）
4. 我的小伙伴很喜欢跟我一起玩。（　　）
5. 无论学什么，我觉得自己经过努力，一定能学会。（　　）
6. 我常常对自己的表现很满意。（　　）
7. 我比较容易成为别人的好朋友。（　　）
8. 我知道有些人不太喜欢我，但我并不为此而担忧。（　　）
9. 每次坐在考场上，我总是信心十足。（　　）
10. 如果我做了件傻事，我会同在场的那些人一起大笑，不觉得有多难堪。（　　）
11. 我心里觉得我会成为一个很棒的人。（　　）
12. 尽管我还有不少毛病，但我肯定能改掉。（　　）

（五）如何建立自信？

（1）认识自己的优点、能力和特长，如学习能力、交际能力、文艺才能、体育特长、动手能力等。列出优点。

（2）成绩不理想的同学如何建立自信？

① 从提高自己擅长或容易提高的科目入手。

② 以自己为起点，订立切合实际情况的学习目标。

③ 将学习目标细分为具体几个小目标来执行。

④ 付出真正的努力，脚踏实地地走好每一步。

（3）一是睁大眼睛，正视别人；二是昂首挺胸，快步行走；三是学会微笑。

（六）成长档案夹展示

（略）。

（七）天天向上计划表

（略）。

（八）天天向上计划表落实，小组管理优秀者颁奖仪式

（略）。

（九）欣赏歌曲

《相信自己》。

【班会总结】

今天大家的表现都很好，常言道，"有志不在年高""有志者，事竟成"。我们可以把自己确立的远大目标分解成若干个小目标，再循序渐进地去实现它们。没有比脚更长的路，没有比自己更高的山！努力吧，树立目标，认识自我，超越自我。只要你相信自己"能"，就一定"能"。

一定要记得：

走到哪里，都带上自己的阳光！

改变自己，从阅读开始！

说好普通话，做好背诵的音频发送工作。

每周一诗，经典诵读伴我行！

做完美教室缔造者，磐石班级建造者，品质学生践行者！

聆听窗外的声音，用我们的视角走进北京，走进上海，走进广州！师生共写教育随笔！

孩子们，相信自己，你能行！行动起来，未来的你会比现在更优秀！让我们一起努力！追求幸福完整的教育生活！

做自己生命安全的守护者！运动会上的纪录创造者！做综合实践活动的小主人，做艺术节上那个熠熠生辉的舞蹈者，做文明礼貌月的拥护者，做"三品"校园的建设者！说你行，你就行！

【活动反思】

在本次班会结束后，孩子们都喜欢上了《相信自己》这首歌，时不时哼唱。我也看到了孩子们眼中重新燃起的激情与渴望。不少孩子开始制订学习计划。获得表彰的小组长工作劲头更足了，也对自己越来越有信心了！考试和成长期造成的影响慢慢地在孩子们的自信合作交流中匿迹了。本次活动不足之处在于视频内容过长，我采取了快进方式，而这一环节相当吸引孩子们，因此，本部分视频需要进行二次呈现，这一点需要在实施过程中注意调整。

第四篇

教研成果

试论新媒体业态下英语主题班会的创新

西北师范大学第二附属中学　董方莹

对于英语主题班会而言，主要的目的就是提升学生学习英语的兴趣与能力。传统模式下的英语主题班会，往往是由教师确定班会主题，设计班会模式，准备班会材料，然后交由班会委员组织进行。班会主要内容有主题讨论、演讲、情景剧等。由于英语教学的特殊性，上述内容往往需要学生提前准备，而这对于英语学习能力较弱、不爱发言的学生而言，不仅无法激发他们参与的积极性，而且极易成为学生的负担，使学生产生抵触情绪。同时，由于网络普及化，信息获取的简易化，在传统主题班会中，部分学生会通过网络检索获取资料，消极应付，从而使班会流于形式。因此，英语主题班会的创新势在必行。

一、明确新媒体业态下英语主题班会的定位

传统模式下的英语主题班会，虽然形式各不相同，但均拘泥于教学本身，往往是教师依据课程进度的需要，确定班会主题、内容、模式。在此情形下，即便是该主题班会达到了促进课程进度的目的，但在提升学生学习英语的兴趣与能力方面也收效甚微。

笔者认为，英语主题班会的作用只有一个，提升学生学习英语的兴趣与能力。在新媒体业态下，要实现这一目标，就要尽可能地利用互联网资源，借助新媒体技术，通过主题班会，循序渐进地实现这一目标。

1. 应当将主题班会定位为"游戏娱乐"

传统模式下的主题班会，往往被定位为教学计划的一部分，学生同样会认为主题班会就是一两节课，在此情况下，主题班会无法提升学生的参与热情。同时，鉴于英语学习的特殊性，学生对于英语主题班会，往往是被动地参

与，"坐多于动、听多于说"，提升学生学习英语的兴趣与能力便无从谈起。

其实，正如教师所公认的，从"快乐的学习是最好的学习"这一理念出发，可以将主题班会定位为"游戏娱乐"。要让学生切身体会到英语主题班会就是一场轻松有趣的游戏娱乐，从"老师让我参加"变为"我要参加"。为了达到这一目标，首先要将英语主题班会的主题定位为学生想要的主题。那么，什么是学生想要的主题呢？其实就是学生有强烈参与热情的活动。在此，仅举一例手机游戏予以说明。手机游戏虽然有种种弊端，但事实是，手机游戏已成为学生生活中不可或缺的一部分。鉴于此，不妨将当红手机游戏融入英语主题班会中，设计一些手机游戏英语游戏，比如将手机游戏的装备、道具、升级过关攻略等制作成英语版本，引导学生用英语进行阅读、讨论，从而在游戏中提升英语学习兴趣。

2. 应当将主题班会定位为"全体参与"

传统模式下的英语主题班会，往往是由教师主导，由班会委员组织进行的，学生参与度有限，特别是对英语学习能力差的学生更是如此。英语主题班会往往变为"英语好的学生的个人表演"。这样不仅失去了班会的意义，有时反而加重了英语学习能力差的学生的心理压力。基于此，在确立主题班会内容之初，就要充分评估该班会内容的难易程度及可行性方案，在设计班会方案时，应当尽量结合每一个学生的性格特点及英语学习能力，合理地确定每一个学生的参与方式、参与时间，切实做到"人人自信参与，参与即能提升"的良性模式。

二、新媒体业态下英语主题班会的创新思路与方法

要实现新媒体业态下英语主题班会的创新，首先要明确新媒体业态在主题班会中的作用。这里所指的新媒体业态，并不是指某一种传媒工具或者社交工具，更不是指多媒体、电脑或者手机等工具，而是指一种依托互联网大数据平台，在信息共享状态下，多元化、多层级的新型网络社交模式。具体到英语主题班会，就是要充分利用各种网络社交工具，实现英语主题班会的创新。

1. 英语主题班会的形式创新

传统的英语主题班会往往需要具体的时间、地点，需要提前准备班会主题，这需要一定的人力、物力。而在新媒体业态下，则可以突破上述限制，实现班会形式的创新。在此试举一例。传统模式的主题班会，都需要依托一定的场地，而在新媒体业态下，则可以通过搭建网络班会平台，利用QQ、微信、

微博等社交平台，创建主题班会主播间、工作站，借助教师、学生彼此独立的QQ、微信、微博实现互通，做到班会的随时开、随地开。例如，为了调动学生开口说英语的热情，可以召开英语网剧角色扮演的主题班会等。这样的主题班会在传统模式下，至少需要完成场地、服饰、剧本、策划等，而通过创建主题班会主播间，就可以由学生自行完成角色的创建、服饰的选择，进而利用微信、微博视频，实现虚拟舞台的搭建。同时，利用主播间的实时录音、录像，可以直观地发现学生英语口语的发音、应用英语的习惯等问题，以便为今后的英语教学提供直接的借鉴。如此，不仅可以突破实物、场地的局限，还可以实现主题班会的实时动态保存。如该主题班会得到学生的认可，则可以一直予以保留。教师、学生甚至家长，都可以随时随地地参与，在此情况下，该主题班会就由一次简单的班会发展成为常态化的学生英语口语演练平台，从而有效地实现提升学生英语口语能力的目标。

2. 英语主题班会的模式创新

传统英语主题班会中普遍存在的学生缺乏参与兴趣、互动性差、被动参与等问题，在新媒体业态下可以有效得到解决。借助主题班会提升学生开口说英语的兴趣，无疑是英语教师不断摸索的课题之一，但效果不佳，究其原因，在于学生的性格、英语口语能力存在差异。传统主题班会在教师、学生面对面交流的模式下，学生普遍具有压力，畏惧开口讲话，更不用说讲英语了。在新媒体业态下，则可以开展"抖音达人说英语，英语老师来奖励"的主题班会，由学生将日常学习、生活拍成英语抖音视频，将英语口语的练习融入抖音这一学生喜欢的模式中。每周可以设定一个口语主题，并将这一主题常态化，通过建立优秀视频积分奖励机制，可以激发学生说英语的积极性。

3. 英语主题班会的载体创新

鉴于新媒体业态的开放性、包容性、创新性特点，可以对英语主题班会的载体进行创新。例如，依托微信、微博小程序，可以开发诸如"英语口语过关连连说""英语口语攻城"等微信小程序、小游戏，依托英语主题班会引导全体学生参与游戏，从而实现寓教于乐的目的。

以上就是笔者对英语主题班会创新的一点想法。需要说明的是，英语主题班会不应当一成不变，也没有固定的模式，他山之石，可以攻玉。只要我们具有互联网条件下的创新性思维，就能不断地发现提升英语主题班会效果的有效办法。

浅析初中语文在德育中的重要作用

西北师范大学第二附属中学　胡明

初中语文对于学生形成正确的三观是非常关键的，这一时期的学生刚刚形成自己的人生观和世界观，开始学着用成人的思维思考问题，但是他们往往又是不成熟的，如果缺乏正确的引导，就很容易走上错误的道路，最终误入歧途。因此教师在日常的教学活动中要注重加强对学生德育方面的教导，多多通过课本来传递正确的思想价值观念，让学生学习作家优秀的内在品质，塑造自己的人格，确保学生始终走在正确的道路上，并在以后的学习和工作中学会自律、自省、自强，做到胜不骄，败不馁，注重时刻保持良好的心态，在学习和生活中都成为一个优秀的人。针对初中语文教学对于德育工作有哪些重要作用，我们做了以下几点分析。

一、学习古文古诗，培养学生人文素养

古诗文是中国优秀传统文化，承载着丰富的思想内涵和人文素养，古诗文优美的语言和精练的文字蕴藏着作者丰厚的文化内涵和思想底蕴。古诗文教学对于培养学生人文素养具有重要作用。加强古诗文教学深度，是培养学生人文素养的重要方法，有利于学生深刻理解古诗文背后的意境。教师在日常的古诗文教学中应当重点引导学生思考古诗文中蕴含的深刻哲理思想，自然而然地培养学生健全的人格和高尚的情操。例如在学习《观沧海》时，教师可向学生介绍曹操的生平事迹以及当时三分天下的时代背景，向学生讲述曹操在创作这首古诗时的文化背景，让学生体会作者当时激奋昂扬的抱负和情怀。诗中"日月之行，若出其中；星汉灿烂，若出其里"的句子勾勒出大海吞吐日月、包罗万象的壮观景象，体现了作者开阔的胸襟及为了祖国统一建功立业的伟大抱负，借此可以激发学生形成奋发图强的学习态度以及强烈的爱国主义情怀。

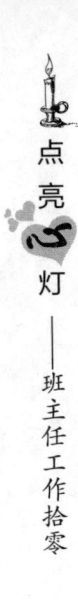

二、文章对比教学，开阔学生视野胸怀

长期应试教育造成的过重的学习负担，使学生在繁重的课业学习中失去了宝贵的课外阅读时间和积累社会经验的机会，久而久之，学生课外知识极其贫乏，语文知识的积累极其有限，教师在课堂上偶尔举一些课外的例子学生也都全然不知。长此以往，会造成学生视野狭窄、思维僵化的不良后果，无法满足学生对知识的渴求及语文知识的积淀。要改变这一点，教师就必须通过广泛而有秩序的课外延伸去开阔学生的视野，丰富学生的知识。例如在学习《飞天凌空》时，教师就可为学生播放跳水姑娘吕伟在新德里亚运会上通过10米跳台纵身一跃为祖国赢得金牌的视频资料。通过视频学生能更加直观地了解课本中对于吕伟起跳、腾空、入水等跳水动作的刻画。通过视频学生能更详细地理解作者对于跳水动作的描述，也更能体会体育健儿奋力拼搏为祖国争光的伟大精神，从而增强民族自豪感和自信心，培养热爱祖国的情感，树立为国争光的理想。

三、语文实践活动，使学生感受集体主义

《义务教育语文课程标准（2017年版）》指出："语文是实践性很强的课程，应着重培养学生的语文实践能力，而培养这一能力的主要途径应是语文实践。"教师应当充分发挥语文实践这一有效手段来巩固和加深学生的知识，培养学生的动手能力，激发他们的创新意识。同时学生也能在团结协作的活动过程中逐渐培养深刻的集体主义精神，意识到团结才能力量大。例如在学习《孝亲敬老，从我做起》时，可以将学生分为几个小组，以"孝亲敬老活动周"为主题分组让学生进行活动策划，之后让各组轮流派代表上台讲述各自的策划方案，最后全班投票选出最好的方案进行实践。各小组都要设计一张"孝亲敬老活动周"的宣传海报，向人们宣传孝亲敬老知识。通过实践活动学生会对孝敬老人有更加深刻的认识，同时在集体讨论的过程中也能感受到集思广益、集体力量大，对于集体主义精神也会有更加深刻的认识。

四、背诵格言警句，激励学生坚定意志

格言警句是提炼出的语言精华，是人类丰富的精神食粮；格言警句能够激励学生的精神，劝诫学生的不足，启迪学生的智慧。教师应当在教学活动

中精心地挑选一些与所学知识有关的，符合学生学习兴趣的格言警句来激发学生的学习积极性，培养他们上下求索的坚定学习态度及内在的高尚品德。教师在要求学生背诵这些名句时，尽量不要讲解，让学生自己领悟其内在含义。例如学习《论语》时，课文中有许多优秀的名言警句值得学生理解背诵。"三人行，必有我师焉；择其善者而从之，其不善者而改之"，可以教会学生发现和学习别人的优点和长处，反省和改进自己的不足；"知之为知之，不知为不知，是知也"，可以教会学生用诚实的态度对待知识问题，认识学习来不得半点虚伪和骄傲，从而养成踏实认真的学习态度。

五、结语

语文教学对于德行的培养具有十分重要的作用，教师要努力做到在日常教学中通过课本知识逐步渗透德育，培养学生优秀的内在品质，达到"润物细无声"的教学效果。

城乡交界处幼儿园家、园共育存在的问题及促进家、园共育的有效策略

白银市白银区第二幼儿园　冉秀平

家庭是孩子的第一所学校，父母是孩子的第一任老师，家庭教育是教育的起点和基础，转变家长的教育观念，发挥家长的教育作用，提高家长的教育能力，建立一种合作、和谐、一致、互补的家园共育关系，对幼儿的成长至关重要，对其一生的发展也起着举足轻重的作用。《幼儿园教育指导纲要（试行）》指出："幼儿园应与家庭、社区密切合作，与小学衔接，综合利用各种教育资源，共同为幼儿的发展创造良好的条件。"所以，科学有效地做好城乡交界处家、园共育工作尤为重要。

一、家、园共育的概念及重要性

家、园共育，是指家长与幼儿园共同完成孩子的教育。著名幼教专家陈鹤琴曾说："幼儿教育是一种很复杂的事情，不是家庭一方面可以单独胜任的，也不是幼儿园一方面可以单独胜任的，必定要两个方面共同合作才能得到充分的功效。"也就是说，家、园共育如同一车两轮，只有同时向同一方向用力，车子才能向前行进。家、园也只有在互相沟通交流、支持合作、共享资源的基础上，根据孩子的个性差异，因人施教，共同探讨更适宜的育儿方法，才能更好地促进孩子们的身心健康，让孩子们快乐成长，才能达到家、园共育的目的。

二、城乡交界处幼儿园家、园共育存在的主要问题

（一）家长对教育的认识不足

地处城乡交界处的幼儿园内的孩子，多数来自乡镇移民搬迁户，育人环

境较差，家长文化程度低，对孩子的年龄、心理特点掌握甚少，对科学育儿的方法缺乏全面、系统的了解和认识，加上生活环境、传统观念等因素的影响，家教观念比较陈旧，只在乎知识的学习，不注重能力、习惯等品质的培养，将孩子送进幼儿园只是为了托管。还有很大一部分是留守儿童，多数父母外出打工，常年不在家，孩子由爷爷奶奶照看，他们只负责孩子最基本的生活，认为培养孩子的好习惯、提高孩子的能力、开发孩子的智力等都是幼儿园的事情，与自己无关，对教育的理解、认识严重不足。

（二）家长对家、园共育的认识不足

家、园共育是指幼儿园与家庭双向互动共同促进儿童的身心发展。多数家长对教育缺乏科学的理解，对家、园共育缺少正确的认识。认为教师就是教育孩子的，学校就是育人的地方；认为孩子在幼儿园就是教师负责，在家里才是家长负责。他们从不主动和教师交流沟通，不了解孩子在园的情况，不关心孩子在园的具体表现，对幼儿园开展的各种活动置之不理，认为这是幼儿园的工作，更谈不上教育好孩子了。由于家长态度消极和行为被动，与教师的沟通出现偏差，不能互相理解，导致家、园共育工作流于形式，缺乏实效，事倍功半。

三、促进城乡交界处家、园共育的有效策略

（一）沟通交流，方法灵活多样

1. 个别沟通

家、园教育应该从沟通开始。一是利用接送孩子的时间或者专门约家长入园，进行面对面交流，近距离沟通。二是通过微信群、QQ群等形式进行网络沟通。三是针对孩子的个性差异、特质等不同情况进行有的放矢式的家访。通过这三种方式，能更详细、具体地了解幼儿的家庭现状、家教情况、在家表现，以便选择更适宜的教育方式，转变家长的育儿理念，更新家长的育儿方法，提高家长的教育能力，达成家、园共识，统一策略，实现培养目的。

2. 集体交流

集体交流的形式很多。学期初召开家长会，让家长了解幼儿园基本情况、办园理念、培养目标、班级管理、课程设置、主题活动、环境创设、保健

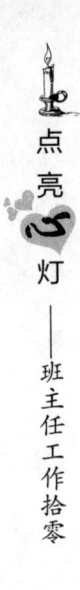

常识、家长须知等。学期中的家长会，可以让家长自由发言，谈感想，说体验，谈孩子的变化，说孩子的进步。也可以有针对性地对某一问题进行探讨，研究解决。如孩子特别好动，在家一会儿都坐不住，怎么办？学期末召开家长会，教师以总结本学期的工作、孩子的收获、下学期的打算为主，家长则以孩子最突出的变化、今后的希望为主要话题，探讨如何让孩子在玩中学、在学中玩，如何健康生活、快乐成长。

3. 巧妙沟通

教师与家长沟通，首先要以心换心，真诚相待。与家长交流应该做到：语气婉和，语态真诚，语势平稳，语调亲切。使家长在你的表达中感受到你态度的真诚，领悟到应该配合教师做什么。幼儿离开家长入园生活，家长不放心，接送幼儿时很希望从教师这里了解孩子的情况。教师向家长汇报时，应讲究语言艺术与技巧，可以向家长介绍孩子的一些优点和长处，树立家长教育孩子的信心，再婉转、巧妙地提出不足之处或须改进的地方，以便于家长接受。

（二）丰富载体，家、园携手共育

1. 互动式家长会

家长会是家、园共育不可缺少的环节。可以请家长以孩子的角色参与教师组织的有趣的游戏活动或集体教学活动，让家长亲身体验幼儿园的活动是以游戏为主的，是以教师为主导、以孩子为主体的，是以培养孩子良好的习惯，发展孩子的兴趣，增强孩子的自信心，锻炼孩子的动手、交往等能力，提高孩子主动探索的学习品质为重要目的的。

2. 分享式家长会

鼓励家长在家长会上自愿承担经验分享的工作，向大家介绍自己在家教中的好经验、好方法。同时也可以就某一主题，如就"孩子性格特别孤僻怎么办？"这一主题展开讨论，商量有效的方法、适宜的策略。

3. 开放式观摩

开展家长开放日活动，让家长观摩幼儿在园一日生活、学习、游戏情况，充分感受幼儿园环境建设、管理秩序、教师组织能力，使家长更细致具体地了解幼儿园教育，全方位了解孩子在园情况，清晰地看到孩子的优点和不足，分析努力的方向。

4. 亲子式活动

亲子活动是亲子教育的一种形式，是家庭教育的深化和发展，强调父母、孩子在情感沟通的基础上实现双方互动，也就是让父母与孩子一起参与活动，一起玩。在此过程中让孩子学习掌握一些知识，发展一些技能，给孩子以关怀和教育，为其人格完善奠定基础。这不但能促进幼儿的健康成长，也能促使父母自身素质不断提高。例如我们可根据季节、节日特点，定期组织"我给妈妈洗洗脚""棕情端午绣荷包""秋季亲子趣味运动会"等亲子主题活动，让孩子们体验和父母一起游戏的快乐，感受亲情，促进亲子关系健康发展。

5. 参与式家委会

《幼儿园工作规程》中指出，家长委员会的主要任务是："对幼儿园重要决策和事关幼儿切身利益的事项提出意见和建议；发挥家长的专业和资源优势，支持幼儿园保育教育工作；帮助家长了解幼儿园工作计划和要求，协助幼儿园开展家庭教育指导和交流。"幼儿园召开家委会，可以充分发挥家长带头作用，拉近家、园距离。通过家长代表会讨论、交流家长们的意见，可以共同策划亲子活动、主题活动，为幼儿园发展出谋划策。可以动员家长们积极学习先进的教育理念和科学的育儿知识，促进幼儿园各项工作顺利、有效地开展。

6. 助教式活动

助教式活动，即"家长进课堂"活动，就是努力挖掘家长的教育资源，丰富课程内容。定期邀请家长来园参与助教活动，不仅可以让家长更清楚地认识到学前教育的重要性，也可以充分利用家长资源，使幼儿教育活动更加丰富多彩，进而拉近孩子、家长、教师心灵的距离。不管对家长还是对孩子、教师，这都是一种互补与促进。这会使幼儿惊奇地发现，自己的爸爸妈妈是如此能干。在幼儿重新认识爸爸妈妈的心理过程中，不仅有对爸爸妈妈的亲情，还有一份尊敬与依恋。

（三）宣传教育，提高教育能力

家庭教育是学校教育和社会教育的基础，家长家庭教育水平的高低，决定着孩子的发展水平。要帮助家长掌握必需的教育知识，促进孩子发展，幼儿园必须通过多种渠道、多种形式，向家长宣传育儿知识，转变家长教育观念，提高其教育能力，并与家长同步同向协调合作，有效实现家园共育的目标。

（1）利用多种平台。如不断更新"校园橱窗"、"温馨提示"、幼儿园微信公众平台，建立班级QQ群或微信群等家、园共育桥梁，让家长清楚地了解并掌握更多的育儿知识，提高育儿水平。通过"班级家园联系栏"让家长及时、准确地了解班级的工作重点和家、园共育的要求，做出相应的支持和配合，及时有效地协助班级完成教育目标。

（2）通过家长专题讲座，如"做真正会爱孩子的家长""家庭教育之策略"等，为家长提供先进的亲子教育方法和家庭教育理念，帮助家长解决在育儿过程中遇到的问题，懂得如何做一个尊重、鼓励、信任孩子的父母，为促进孩子全面健康发展奠定坚实基础，通过家、园携手，共同给孩子一个快乐、幸福的童年。

《幼儿园教育指导纲要（试行）》指出："家庭是幼儿园重要的合作伙伴，应本着尊重、平等合作的原则，争取家长的理解、支持和主动参与，并积极支持、帮助家长提高教育能力。"家园共育是一项长期、艰苦又复杂的工作，家长和教师必须在教育幼儿的过程中，建立平等合作的伙伴关系，统一思想，互相学习，加强交流，真诚沟通，互相信任，密切配合，形成教育合力，促进幼儿园保教质量的提高，为孩子的终身发展打下坚实的基础。

浅谈英语教学中的创新教育

西北师范大学附属中学　李静

以培养创新精神和实践能力为重点的素质教育是当今教育改革的主旋律。创新教育是实施素质教育的重要内容，课堂则是培养学生创新精神及实践能力的主阵地。一名合格的教师，要不断通过自己的实践去培养学生的创新精神和实践能力。如何转变教育观念、弃旧汲新，培养出一代有扎实基础、有创新精神、有开拓能力的高素质人才，是当今教师的首要任务。我们应如何在英语课堂教学中进行创新教育呢？

一、营造宽松的学习环境

要培养创新型人才，必须建立良好的学习环境，要经常在课内外采用肯定性和激励性评价方式来激励学生。对于学生回答的问题，要注意发现其闪光点，并及时反馈给学生，如"你的发音很准确""你回答问题的声音很响亮""你说得非常好"等。美国心理学家阿瑞提对个人创造力提出了十分独特的见解，他认为，与集体活动相补充的"单独性"，与紧张学习工作状态相对比的"闲散状态"，与理性思维相反的"幻想"，以及摆脱禁锢的"自由思维"，是培养创造力的重要条件。因此，教师在平时的教学中应关爱学生、信任学生、尊重学生，使师生间形成民主、平等的人际关系，使学生身心愉悦、有安全感，形成积极向上的精神状态和健康心理。只有不断创设这种宽松、和谐的学习环境，学生的思维才会不受束缚，他们才会自主学习，才可能去探索、去创造。因此教师应坚持以下有利于创造力培养的教学原则。

（一）民主教学原则

教师应模拟真实生活情境，贴近学生生活，力求课堂教学生动、形象、活泼；应最大限度地调动每一个学生的积极性和创造性，把教学内容与实际联系起来，在教学中注意提问不同层次的学生，关注每一位学生在英语学习上的心理需求，不偏爱优等生，以教师的真挚情感感化学生，缓解他们紧张和焦虑的情绪，激发学生的学习热情，使他们身心愉快地参与语言学习。

（二）激励原则

在教学实践中，教师要以创设最佳学习状态，激励创新思维发展这一基本构想来指导中学英语教学实践。学生有了饱满的精神面貌才会思维活跃、无拘无束进而积极参与。因此，教师应通过各种方式，激励学生的成就感和进取精神，着重引导学生思考，鼓励学生敢于回答问题。在后进生不能回答时应耐心鼓励说"Try again""Don't worry, take it easy""I think you can do it well next time"，使不同学生都能体验到成功的喜悦和自身价值。

（三）主体参与原则

传统教学模式死板、形式单一，教学过程只是执行教案的过程，学生思维自始至终在教师语言轨道上运行，这样的课堂教学不能给学生创造主动学习的机会，也谈不上创造力的培养。我们必须使教与学两类活动真正形成多向交互的有利条件，这就要求由学生决定教法，教师要从学生"学"的角度来设计教学活动，使学生能够在语言运用中不断地获得知识、得出结论，而不仅仅是学习现成的语言知识点。

（四）学习动机内化原则

兴趣是最好的老师。缺少兴趣，学生只能被迫去学，根本谈不上创造性学习。要把学生从"要我学"转变为"我要学"的学习状态，需要教师持续不断地激发和培养学生学习英语的兴趣。时间一久，兴趣就会转化为强大的内部学习动力，使学生进行自觉、民主、有创造性思维的学习。

二、培养自立探究，巧设创新探索机会

素质教育是培养21世纪人才的教育，学生需要能够持续获得知识和能力的科学方法，良好的学习方法能使学生更好地发挥天赋能力。学生应该是课堂学习活动的主体，教师应注重培养学生独立学习的能力，让他们更多地自主学

习，给他们独立思考的时间与空间；让学生在学习中学会获得知识的方法，以达到培养创新意识，提高创新能力的目的。

师生间保持平等、民主、合作的交往关系，能使课堂更自由开放，更富有情境性，更利于学生的主动参与。教师在教学设计和安排上必须更加注意新颖和创意，以便更好地调动和发挥学生的主体性，使他们真正成为学习的主角。在英语课堂教学中，教师可以采用多种方法，通过多种途径，引导和激励全体学生主动参与、锐意创新。教师在教学过程的设计和安排中要注意发挥学生的主体性，尊重学生的独立人格，激发学生的探究欲望，想方设法培养其独立获得知识、创造性运用知识的能力。

三、培养学生的参与意识和协作精神

首先，要为学生提供参与教学的机会，为他们提供更多的思考和创造的时间和空间，不断激发和引导他们的学习兴趣。如教学Book 3 Unit 3 *The Million Pound Bank Note*时，可以让学生分组表演该剧，这种方法会引发学生跃跃欲试的心理，而且学生在亲自参与活动并获得成功的过程中，能够体验到成功的喜悦，从而更加喜爱说英语。

其次，要加强课堂讨论，强化学生的竞争意识和创新意识，培养学生提出问题和解决问题的能力。如在讲授Book 5 Unit 5 *First Aid*时，让学生看图并讨论如何实施急救，并联系课文进一步深问"If you meet the same situation, what should you do to save the people in danger?"教师可有意给学生留出一定的思考时间，让学生用英语讨论。

最后，将英语游戏引入课堂，在游戏中培养学生的想象力及参与意识。英语课堂教学活动，不仅仅在于传授语言知识和训练能力，更重要的是让师生之间、学生之间在信息传递和情感交流中进行思维的碰撞、信息的交换。课堂上开展Group work、Team work、Pair work等教学活动，要以小组成员合作性活动为主体，以小组目标达成为标准，以小组成绩奖励为评价依据，使师生在小组内相互讨论、评价、启发、激励，从而拓展学生的思维空间，提高学生的创造性思维能力。

四、培养学生的发散思维，提高学生的创新思维能力

有研究表明，讨论式、质疑式的教学有利于发散思维、创新思维的发

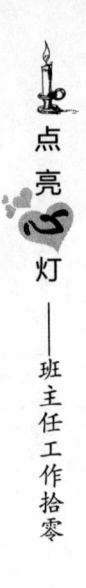

展,所以要让学生大胆想象、积极探索求异、坚持独立见解。教师要善于挖掘教材中蕴含的创造性因素,通过设疑创设情境,给予每位学生参与的机会,让学生积极运用所学的知识,大胆进行发散创造。例如Book 3 Unit 4 *How Life Began on the Earth*是一篇科普文章,没有引人入胜的情节,比较枯燥。有教师在上课时在黑板上写下"H_2O",学生们都很诧异,英语课怎么上成化学课了?这时教师让学生思考Why water is important in our daily life? How much water do a person need every day? How many days can we live without water? 等问题。继而,可引入"人与自然的和谐"这一现实问题,培养学生爱护环境、保护环境的意识。

在课文教学中,教师要善于设计新颖别致并能唤起学生共鸣的问题,让学生在独立思考的基础上,进行集体讨论,集思广益。教师也可以用所教的知识,让学生自由发散、编写新的内容。如一篇文章教完之后可以在黑板上写几个key words让学生自己去编一些内容,这样会使学生相互启发、相互交流,从而以创新意识来灵活运用语言知识,凭自己的能力去摸索解决新问题、掌握新知识,在此过程中学生的创新实践能力能真正得以提高。

五、设疑布阵、激发求知,是创新教育的良好方法

课堂提问是一种最直接的师生双向活动,英语课堂教学中每一教学步骤都应多设信息沟通环节,层层递进。可根据一定的教学内容或语言材料,设计适量的灵活性较大的思考题,或让学生从同一来源的材料或信息中探求不同答案,培养学生积极求异的思维能力。设计此类思考题时,在着重培养学生思维能力的前提下,应注重课堂提问的艺术、质量和效果,所提问题要做到三个有利于:

(1)有利于促进学生认知能力的发展。(如What have you learned from?)

(2)有利于建立学生的思维模型。(如How do you know that? Why?)

(3)有利于培养学生的发散性思维。(如Is there any other reason? Could you tell us the differences between A and B?)

例如在*Life in the Future*中,我们可以用以下问题激发学生的好奇心:How will people shop in the future? How will people travel in the future? What will schools be like in the future? What will the future be like in general? 给学生一些时间讨论后,教师可乘势打开录音机说: "Now listen to the tape and check the answers."

学生此时的求知欲正强，这时候施教正是最佳时机。

正如爱因斯坦所说："提出一个问题往往比解决一个问题更重要。"教师应鼓励学生质疑问难，培养他们敢于标新立异、别出心裁，敢于逾越常规，敢于想象猜测，敢言别人所未言，敢做别人所未做，宁愿冒犯错误的风险，也不要把自己束缚在一个狭小框内的创造性品格的精神。一方面要引导学生经常换个角度看问题，多问几个为什么，以便从多角度探索求异。另一方面，引导学生广泛联想，对学生进行发散性思维训练，帮助学生归纳、总结，发现新问题。

六、重视学法指导，培养学生自学能力

教给学生学习方法是优化教育的重要原则。古人云"授人以鱼，不如授之以渔"。这就是说教师不仅要教给学生知识，更重要的是教会学生获取知识的方法和本领，以适应竞争日益激烈的社会需要。著名教育家叶圣陶坚持"教是为了不教"的教育理念，所以笔者认为指导学生正确的学习方法，培养其良好的学习习惯和自学能力，激发学生学习的积极性是创新教育的关键所在。培养学生自学能力的途径有开办英语角、英语演讲比赛、英语阅读比赛、英语晚会等。通过这些活动可以尽可能让学生动脑、动口、动眼、动手，使他们从中受到激励、启发，产生联想、灵感，增添创造意向，训练和培养创新能力。实践可知，学生英语的自学能力由以下几方面组成：

（1）能根据读音规则拼读、拼写英语单词和朗读课文。

（2）能独立运用视听手段听懂英语课文并学说英语。

（3）能独立回答教师根据课文提出的问题。

（4）能独立完成教师布置的预习和复习的作业。

（5）能独立使用学习工具书和电化教学设备。

（6）能阅读与所学课文难度相当的课外读物。

（7）具备在预习课文时找出疑难点，并向教师质疑问难的能力。

只有帮助学生养成自学能力，才能唤起学生潜在的创造智能，使学生在意志和信念的推动下，支配自学探索活动，不断更新、深化和充实知识，为创造性思维的发展奠定基础。

总之，学生的学习过程既是一种认识过程，也是一种探究过程。这与教育的过程本身就是一种探索与创造是一致的。英语的课堂教学只有将学生的主

体作用与教师的主导作用很好地进行统一，不断探索课堂教学的新思路、新方法，引导学生发现、探究、解决问题，才能培养学生的开拓精神和创新意识，逐步培养学生的求异创造能力。教师也要在自己的教学过程中不断总结，不断创新。

初中语文课本中"家教、家风、家训"内容的提升研究

兰州市第四十九中学　韩林孝

马年春节期间，中央电视台推出的《新春走基层·家风是什么》系列节目，引发了公众对传统家庭教育的关注与热议。主流媒体推出这一档节目，旨在引导广大群众重视社区、重视家庭教育，端正家风，推进民风向上与社会和谐。

一、课题的提出背景及研究意义

习近平总书记在中共中央政治局第十八次集体学习时强调，中华传统文化源远流长、博大精深。深入挖掘中华优秀传统文化蕴含的思想观念、人文精神、道德规范，结合时代要求继承创新，让中华文化展现出永久魅力和时代风采。

习近平总书记曾多次强调家风的作用。他指出，"家庭是社会的基本细胞，是人生的第一所学校。不论时代发生多大变化，不论生活格局发生多大变化，我们都要重视家庭建设，注重家庭、注重家教、注重家风……使千千万万个家庭成为国家发展、民族进步、社会和谐的重要基点""家庭和睦则社会安定，家庭幸福则社会祥和，家庭文明则社会文明。历史和现实告诉我们，家庭的前途命运同国家和民族的前途命运紧密相连。我们要认识到，千家万户都好，国家才能好，民族才能好。"此外，他还多次引用《礼记·大学》中关于家风、家教、家训的话语，阐释家风、家教、家训。

家风是社会风气的细胞，家风自然会向民风辐射，民风自然会向国风延伸。我们倡导的价值观，只有植根于人民，孕育于社会，才能成为时代风尚，

转化为人民普遍遵循和敬畏的家国情怀。正是在这个意义上，我们说，家风虽然不能涵盖社会主义核心价值观的全部，但它是人们的价值观形成和精神成长的重要起点，是我们国家和社会能够形成核心价值观所依托的文化土壤，对引导人们培育和践行社会主义核心价值观来说，是最基础的东西。

"家是最小国，国是千万家。"家庭是国家中最小的单元，是社会的细胞。本课题就是通过家风对学生成长影响现状的分析，结合语文课本中"家风、家教、家训"内容的提升研究，以唤起全社会对家风是促进学生成长无形力量的关注，共同促进学生的健康成长。

语文教材作为民族文化和民族精神的载体，对学生的政治品质、思想品质、道德品质以及情感、意志、性格等个性心理品质的发展有着熏陶感染、潜移默化的作用。语文教学要加强基础教育、传递文化、培养能力、培养习惯、进行思想教育和情感陶冶，离不开语文教材这一凭借物。

语文课本中有许多有关家风、家教、家训的文章，我们要深入挖掘和阐发，认真汲取中华优秀传统文化的思想精华和道德精髓，学习中华优秀传统文化讲仁爱、重民本、守诚信、崇正义、尚和合、求大同的精神，使中学生从课本中学习中华优秀传统文化，传承优秀文化，在为人处世方面遵循公俗良序，彰显家风、家教，形成良好的世界观、人生观、价值观，使优秀传统文化成为涵养社会主义核心价值观的重要源泉。结合时代要求，继承创新，让中华优秀传统文化展现出永久魅力和时代风采。

我校处于城乡接合部，学生素质参差不齐，学生的家庭教育存在诸多问题，问题学生有增多之势。鉴于此，结合本学科和我校学生特点进行"初中语文课本中家教、家风、家训内容的提升研究"这一课题的研究意义深远。通过倡导和培育优良家风，引导学生认识理解家风、家训；通过把家风、家训融入社会主义核心价值观教育体系中，培养学生良好的行为准则意识和优良的道德品质。

二、本课题的理论依据

家教、家风是一个家庭的传统，是一个家庭的文化。心理学称之为"精神风貌"，其内容是一个家庭所有成员共有的生活习惯、思维方式及言行表现的总和，也是家庭成员品格、文化素养、道德情操、人际关系的具体体现。这种氛围对家庭成员的思想、生活习惯、情感、精神、情趣、世界观、人生观、性格特征、道德修养、为人处事方式，都会有深刻、持久、独特和潜移默化的影响力。从心理学角度来说，人的认知水平的发展，特别是性格、情感、行为习惯的养成关键在0~16岁。这个时期，每个人的生活主要是在家庭中度过的。那些有心理问题或行为问题的学生，他们的观念或问题发生的原因往往与其不良的家庭教养方式、家庭环境或父母的不良行为有关。著名心理学家威廉·詹姆斯说："播下一个行动，收获一种习惯；播下一种习惯，收获一种性格；播下一种性格，收获一种命运。"法国思想家卢梭在他著名的教育论著《爱弥儿》中谈到人的道德面貌时认为，人在开头的一刹那间，也就是尚处于天真纯洁时期所接受的感知，将对他的一生产生不可磨灭的印象。台湾学者傅佩荣说："人若没有一个好的家庭环境，就很难展开一个正常的生命。"因此，好家风是留给子女的宝贵财富，为了国家和民族的未来，良好家风的培养至关重要。

三、课题界定

所谓家训，是指家族或家庭对子孙后代立身做人、持家治业等方面所立的规矩或告诫的话家训概括性比较强，如"诚信、孝顺、进取、自尊""勿以恶小而为之，勿以善小而不为"等。家训是中国传统文化的重要组成部分，也是家庭的重要组成部分，它在中国历史上对修身、齐家发挥了重要作用。家训之所以为世人所重，是因其主旨乃推崇忠孝节义，教导礼义廉耻。此外，提倡什么和禁止什么，也是族规家法中的重要内容。

所谓家教，是指家长对子女立身做人等方面进行的教育，比较直接和零碎，如"人不能懒惰""待人要有礼貌"等。家教是家庭内部家长对子女的言传身教，家长通过自己实际行动来教育子女做人做事的礼节。同时，家教和受教育程度不挂钩。家教的重点在于道德、礼节方面。好的家教对于子女的一生是至关重要的。家教从传统意义上讲是指家庭内道德、礼节的教育。家教的本来意义是帮助孩子健康成长，教会孩子做人的道理。家教是个体社会化非常重要的途径。家教大多是普普通通的语言，却能在日常生活中影响人的心灵，通过言传身教，让每个家庭成员刻骨铭心，内化并外显。

所谓家风，是指在家训的规范下，在家教的保障下，在全体族人或家人的共同践行下，形成的一种家庭风尚，比较外在和独特，如"乐善好施""诚实守信"等。家风是一个家庭或家族长期以来形成的能影响家庭成员精神、品德及行为的一种传统风尚和德行传承，是一种无言的教育、无字的典籍、无声的力量，是最基本、最经常的教育，它通过日常生活影响孩子的心灵，塑造孩子的人格，是我们立身做人的行为准则，是社会和谐的基础。优良家风是中华民族传统美德的现代传承，是我们中华民族五千多年的灿烂文化所孕育的许多优良的传统。家风对人的影响分为情趣情感、道德品质、行为习惯、人际关系等方面。

家教、家风及家训，息息相关，密不可分，共同构成了中华优秀传统文化辉煌的一部分。

语文教材作为民族文化和民族精神的载体，有许多有关家风、家教、家训的文章，值得深入挖掘和阐发，认真汲取学习，传承创新，展现其永久魅力和时代风采。

本课题旨在通过开展一系列教育教学研究实践活动，让学生身临其境地感悟健康家风的作用，呼吁全社会共同关注良好家风对人的积极影响，传承中华美德。

四、研究内容及过程

中华民族的传统文化源远流长、博大精深。其中家风、家训是中华传统文化的重要载体，代代相传。今天，习近平总书记再次将家风、家教摆在了重要位置，强调"不论时代发生多大变化，不论生活格局发生多大变化，我们都要重视家庭建设，注重家庭、注重家教、注重家风"。从古到今，家风在我国家庭道德教育的过程中意义特殊。家风创立在践行过程中以家族代代相传为形式，形成了无声的、相互濡染的特有氛围。它是一种回归日常生活世界的道德行为教化，体现了一种超常的伦理力量。在现今社会的时代背景下，在各种思潮相互冲击，文化环境交错更迭，东、西方文化互相碰撞的情况下，特别是各种不良之风腐蚀着人们的世界观的情况下，家风研究的重要性和必要性尤其凸显。

1. 调查研究家风、家训对学生影响的现状

首先通过网络进行文献检索，进一步了解国内外同一领域的研究现状；其次对我校学生的家风情况进行问卷调查，初步摸清家风存在的问题及其原因，为提高课题研究的可行性、针对性提供第一手材料。请语文组每位成员设计10个问题，最终在教师的40个问题中去除重复项后，精选出最具代表性的25个问题设计成问卷调查表。从初中三个年级中随机选取10个班级，发放500份问卷表。学生填完后立即收回，共收回有效答卷480份。对附近社区等单位，发放并收回200份问卷调查表。

通过调查问卷的分析和统计，我们发现了如下现象：

（1）情趣情感方面：良好的家风使学生乐观开朗、热爱生活、积极向上。不良的家风可能导致焦虑、压抑、沮丧、孤独、冷漠等不良情感，不利于孩子的健康成长。

（2）行为习惯方面：父母良好的行为习惯和性格，如心态乐观、尊老爱幼、诚实守信、心胸开阔、团结友爱等，会对孩子会产生积极影响，甚至会影响孩子的一生。家长以身作则、重视学习、崇尚知识，家庭会充满学习气氛。孩子生长在一种充满学习气氛的家庭中，很容易养成一种自觉学习的良好习惯。勤俭的家风可以防止青少年产生优越感，让孩子自觉克服身上的娇气，树立自食其力的观念，从小培养自己的自立能力。但父母的坏脾气，懒惰爱玩、不爱看书、说脏话、不关心孩子、不诚实守信的行为会给孩子造成不好的影响。

（3）道德品质方面：家庭中家长的品行对孩子成长的影响是无形的、潜移默化的。有良好家庭教育的孩子会具有许多优秀品质，如有责任感、敢担当、诚实守信、忠诚善良、勤俭节约、孝敬父母、团结友爱、尊老爱幼、遵纪守法等。不良家风在家庭中往往会形成恶性循环，呈现一些不良表现，如自私自利、脾气暴躁、做事不负责任、不懂尊重别人、不热爱祖国、不懂刻苦努力、铺张浪费等。

（4）人际关系方面：良好的家风有利于促进人际关系的和谐发展，不良家风则相反。父母人际关系良好，孩子在人际交往中往往能做到真诚待人、互相尊重，而不是相互排斥、贬低他人和自己；对人情感真诚、善良，而不是冷漠无情、害人；以集体利益为重，乐于奉献，而不是私字当头、损人利己。父母人际关系存在问题，孩子在交往中有可能出现胆怯、自卑、内向、孤僻、自负、不随和等行为表现。

由此可见，家风反映了一个家庭的家庭文化，也表明了家庭的价值取向，表现为正反两面性。

家风中正面、健康的教育思想，可以对家庭成员在品德操守、个人修养等多个方面产生重要而积极的作用，如待人以宽、诚信有礼、勤俭持家、助人为乐、改过迁善、谨言慎行等。这些优秀的道德教育思想都是宝贵的精神财富，我们应当加以继承、发扬。如果一个家庭的家风不正，不传递积极正面的精神，那么这个家庭中家庭成员的个人品行、道德操守、价值观、世界观、人生观就容易出现严重问题。

正面家风教育理念的宣传迫在眉睫，亟须通过具体的宣传、实践引起各方面的关注。在调查研究的基础上，我撰写了《家风对中学生成长影响问卷调查总结及思考》，以调查报告和课题目标为指导，进一步探讨家风现状，实施教学实践活动。

2. 通过开展课例研究，发挥课堂教学在家教、家风教育中的引领作用

本人结合课题，精心设计教学实践活动，结合不同模块的学科知识进行优良家风的渗透教育。其中典型课例有：在《〈论语〉十二章》的教学实践中，结合中国传统文化，引导学生深入了解家风、家训在家庭教育中的作用；在《我们的节日》的教学实践中，结合中国传统节日，尤其是春节、清明节、中秋节等，带领学生通过自主、合作探究活动，亲身体会，身临其境，感悟中国传统文化中优良家风的存在及其作用；在《论教养》的教学中，通过生动、翔实、典型的案例，使学生在潜移默化中体会良好家风的积极作用。同时语文组成员参与听课，并在课后及时进行认真评议，肯定其积极影响，并指出课堂教学中存在的问题，及时与学生沟通，在与学生们的交流中做好引导工作，把家风方面的教育理念渗透于细节中，为下一步研究做好铺垫。

通过对初中语文课本中"家教、家风、家训"内容的提升研究，发现我国传统家风涵盖的内容丰富多彩。

具体归结如下：

（1）生命传承、遵从孝悌层面。孝悌要求家庭成员长幼有序、兄弟姊妹之间和睦相处。以此为基本内容的家风可以规范调节父母长辈与子女的关系，维护家庭成员之间的关系。

七年级上册第五课：史铁生写的《秋天的怀念》中，"我懂得母亲没有说完的话，妹妹也懂。我俩在一块儿，要好好活……"表达了作者对母亲深深的愧疚、热爱和怀念之情。

七年级上册第六课：莫怀戚的《散步》是生命的颂歌，尽情颂扬生命之美、教育之美。可以说，阅读这篇文章，让人在对生命的感悟上接受了一次洗礼。

首先，第一处描写的是："这南方的初春的田野！大块小块儿的新绿随意地铺着，有的浓，有的淡；树上的嫩芽也密了；田里的冬水也咕咕地起着水泡儿……"这里文章表露的是春的气息，但隐含的是对生命的感悟，更是对生命与自然共生共荣的颂歌。第二处描写："小家伙突然大叫起来：'前面也是妈妈和儿子，后面也是妈妈和儿子！'"这两句天真稚嫩的话语，不仅表现了小家伙的聪颖、机灵，更表达了他在懵懵懂懂之中对生命的直观认识。读来让人惊羡生命之美好。

其次，珍爱生命。"母亲本不愿出来的；她老了，身体不好，走远一点儿就觉得累。我说，正因为如此，才应该多走走。"这里饱含着作者对母亲的关切之情，凸显的是对他人生命的关爱特别是对年老生命的关爱。温馨之情，溢于言表。"天气很好。今年的春天来得太迟，太迟了，有一些老人挺不住，在清明将到的时候死去了但是春天总算来了。我的母亲又熬过了一个严冬。"这哪是对春天来迟的抱怨，分明是作者对母亲生命的渴求与酷爱。赤子之心，跃然纸上。特别是一个"熬"字，用得让人动容——好歌当哭。另一处描写母亲改变了主意，眼中所看到的小路："那里有金色的菜花、两行整齐的桑树，尽头一口水波粼粼的鱼塘。"这不仅体现了母亲疼爱孙儿，想满足孙儿的心愿，更体现了一位羸弱的老人对美景、对生活的向往，对自己生命的眷念与珍爱。

再次，尊重生命。"后来发生了分歧：我的母亲要走大路，大路平顺；我的儿子要走小路，小路有意思……我想找一个两全的办法，找不出；我想拆散一家人，分成两路，各得其所，终不愿意。我决定委屈儿子，因为我伴同他的时日还长，我伴同母亲的时日已短。我说：'走大路。'"这里描写作者在面对一边是老，一边是幼的矛盾冲突时，所体现出的爱幼更尊老的精神，它折射出作者尊重并善待衰老生命的光辉形象笔者，读后敬仰之意油然而生。雏鸟知反哺，羔羊亦跪乳，人类当更甚！

最后，生命的责任。"不过，一切都取决于我。我的母亲老了，她早已习惯听从她强壮的儿子；我的儿子还小，他还习惯听从他高大的父亲；妻子呢，在外面，她总是听我的。一霎时，我感到了责任的重大。"这里作者向人们袒露的，是一个强壮的生命在家庭中的那份沉甸甸的责任感。文章最后写的是："我蹲下来，背起了我的母亲，妻子也蹲下来，背起了我们儿子。我的母亲虽然高大，然而很瘦，自然也不算重；儿子虽然很胖，毕竟幼小，自然也很轻。但我和妻子都是慢慢地、稳稳地，走得很仔细，好像我背上的同她背上的加起来，就是整个世界。"这段话寓意深刻。它以轻衬重，不仅突出了中华民族的传统美德，更含蓄地写出了"我"（此处三句话中用了四个"我"字，短短几百字的全文"我"字就出现24次之多）——一个站在生命之连接点上的中年人对生命和社会的责任。

掩卷思之，文章的意境如同橄榄的甜润在心中漫涌。在朴素的文字里，充满着欢乐、关爱、和谐，蕴藏着憧憬、呼唤、眷念，饱含着贤良、孝敬、责任；字里行间流淌着真情，闪烁着理性，抒发着感悟。初读，看到了自然的景和人间的情；再读，体会的是生命的美；读至最后，不禁陡然感觉增加了生命的分量。一家人互敬、互爱、互尊、互让，母慈子孝，亲情浓厚。

这篇课文我教授了公开课，参加片区优质课比赛，获得一致好评。

（2）治家管理层面。家风能作用于家庭生活的所有问题。如朱柏庐的治家格言"黎明即起，洒扫庭除，要内外整洁；既昏便息，关锁门户，必亲自检点。一粥一饭，当思来之不易；半丝半缕，恒念物力维艰"。

七年级上册第四单元的课文《诫子书》，是修身立志的名篇。其文短小精悍、辞约意丰、字字珠玑，有谆谆告诫之语，更溢满殷殷期盼之情。主旨是劝勉儿子勤学立志、修身养性，要在淡泊宁静上下功夫，最忌荒唐险躁。要体会情感，感受诸葛亮的人格魅力，提升自己的品德素养情趣，并由此积累背诵相关警言以自励让学生聆听先哲教导，勤学励志，修身养性。由于本课题内容与社会现实生活的关系比较密切，学生已经具有了直观的感受，可以让学生自己阅读课本并思考。在《诫子书》的课上我打出对联"收二川，排八阵，六出七擒，五丈原前，点四十九盏明灯，一心只为酬三顾；取西蜀，定南蛮，东和北拒，中军帐里，变金木土爻神卦，水面偏能用火攻"，让学生猜猜他是谁，由此激发兴趣，引导学生走进诸葛亮的《诫子书》，聆听他对子女、后人的谆谆教诲，并围绕"诸葛亮写这封家信的用意是什么"这个问题，让学生们深入讨论交流，以把握整篇文章内容。而后，我用一开放性的问题"你最喜欢文章中哪个警句？结合历史故事，也可联系生活实际，谈谈你的理解和受到的启发"，将学生的思维拓宽拓深。如"静以修身，俭以养德"，可结合老子的"静为躁君"这句名言，诸葛亮临终遗嘱"冢足容棺，敛以时服，不须器物"，以及诸葛亮留给子孙的财产只有桑树800株，薄田15公顷的故事来引导学生理解。解读"非淡泊无以明志，非宁静无以致远"时可抓住"淡泊""宁静"与"明志""致远"的关系,让学生联系正面事例与反面事例来赏读,使学生心灵受到震撼,明白在充满诱惑的滚滚红尘中,切不可随波逐流,迷失志向;解读"年与时驰,意与岁去,遂成枯落"时可点拨学生联想已学过的名句"少壮不努力,老大徒伤悲""我生待明日,万事成蹉跎",体会人生短促,如白驹过隙,要倍加珍惜青春年华。这样,在默读思考交流的过程中,不仅加深了学生对文本理解,也会使学生思想受到净化,为树立正确的理想观打下良好基础。"诸葛亮作为智慧的化身、道德的楷模,家喻户晓,他的很多故事广为流传。请同学们课外收集有关他的故事、名言、成语,以小组为单位进行研究性学习,或研究诸葛亮的'智',或研究诸葛亮的'德',或研究《诫子书》与诸葛家族的关系。"这一作业的设置,不仅将学生的视野从课内拓展到课外,同时又一次把学生的情感推向高潮。我的板书设计以"修身""治学""惜时"为主线,以文中志当存高远的名句"非淡泊无以明志,非宁静无以致远"为主体。这一板书,可以提示思路,帮助学生加深对学习内容的理解和记忆,而且言简意赅,突出了教学重点,是师生语言交流的有益补充。

（3）为人处世层面。家风的涵盖面既包含家庭内部关系也包含社会关系。以《谢氏家训》为例,其中"举止要安和,毋急遽急缓;言语要诚实,毋欺妄躁率""交友,所以辅德也。须条直谅、多闻者,远便僻、柔佞者。"

《世说新语》两则是初中语文七年级上册课文。文章以家庭、亲情为主题。其中,《咏雪》一文展现了家庭和美温馨的一面,勾画了古人家庭教育、家庭文化的画面,展现了一个典型的书香家庭。《陈太丘与友期》这篇文章是写陈太丘之子元方的聪颖机智,他小小年纪就知道维护父亲的尊严,可见父子情深。这篇文章区别于其他几篇文章之处在于它告诉了人们一个道理:人必须明礼诚信。

（4）待人处事层面。传统家风十分注重对家庭成员"德行"的教育,认为一个人品德有污是一件辱身败家的事。"不辱其身不羞其亲,可谓孝。"《论语》是儒家文化的重要经典之一,而儒家文化是我国传统文化的核心。在教学目标的设定上,我希望让学生接受儒家文化中优秀思想的教育和熏陶,使他们在情操修养、立身处事、为人治学等方面,得到更好的引导,从而培养学生积极向上的人生观、健康坚定的价值观和乐善好学的品格和气度。

诸葛亮《诫子书》可谓名臣教化。"丞相名垂汗简青,书台犹在谁复登""出师一表真名世,千载谁堪伯仲间""汉贼明大义,赤心贯苍穹"。千古良相诸葛亮不但是陆游、文天祥笔下的精英忠魂,更是后人眼中的智慧化身。他一生立志"兴复汉室,还于旧都",为此鞠躬尽瘁,死而后已;他更以淡泊明志、宁静致远的高风亮节言传身教,惠及子女及后人。

(5)品德修养层面。七年级上册第十一课《论语》是儒家经典著作之一。孔子的政治思想核心是"仁"、"礼"和"中庸"。保持淡泊宁静的心态,不戚戚于贫贱,不汲汲于富贵,才能在学问上达到最高境界。在孔子看来,治学和修身的结合为最高境界。圣人如此,我们的追求也应该如此!

九年级下册第八课《论教养》,作者认为教养的本质是尊重。一个有教养的人,是关心家庭、亲人的人。一个有教养的人,必定从心里愿意尊重别人,也善于尊重别人。一个有教养的人,待人处事绝不会自吹自擂。

(6)环境熏陶层面。稳固家风有利于家庭成员心理氛围、情感氛围的发展。例如古人把家风概括为"五常八德"。"五常"即仁、义、礼、智、信,"八德"即忠、孝、仁、爱、信、义、和、平。仁、义、礼、智、信是中国优秀传统文化的核心部分,深刻影响着我国传统社会的价值观念和道德规范。

朱德的《回忆我的母亲》中有这样一些句子:"得到母亲去世的消息,我很悲痛。我爱我母亲,特别是她勤劳一生,很多事情是值得我永远回忆的""母亲在家庭里极能任劳任怨。她性格和蔼,没有打骂过我们,也没有同任何人吵过架。""母亲同情贫苦的人——这是朴素的阶级意识,虽然自己不富裕,还周济和照顾比自己更穷的亲戚。""母亲那种勤劳俭朴的习惯,母亲那种宽厚仁慈的态度,至今还在我心中留有深刻的印象。"朱德革命的一生,何尝不受其母亲的影响?

《老王》是著名作家、文艺翻译家杨绛写的一篇写人记事的散文,作者笔下的老王是一个命苦心善的不幸者,在动荡的"文化大革命"时期,他的精神世界没有受到任何污染。他善良诚实、忠厚老实、知恩图报。杨绛的这篇文章文字浅显,字里行间流淌着爱的清泉,闪动着人性、人道的光芒,可引领学生走进作者的精神世界,感悟爱的博大,体察善的魅力。"那时候我们在干校,我女儿说他是夜盲症。给他吃了大瓶的鱼肝油,晚上就看得见了""几年过去了,我渐渐明白:那是一个幸运者对一个不幸者的愧怍"。从文章看,最主要的是平等观念。在作者那里,人是生而平等的,各人境遇不同,甚至差别很大,不过是幸运与不幸造成的差别。所谓幸与不幸,包括天赋条件、成长条件、生理条件。幸运者只有关爱不幸者的责任,没有歧视不幸者的理由。有平等意识，才会平等对话，才会感觉人家上门来"没请他坐坐喝口茶水"是很抱歉的。再就是人道主义精神。这种精神要求社会关心个人、同情个人，尊重个人对社会做出的贡献，尊重人格，维护社会成员的基本权利，并推动全体劳动者的全面发展。作者一家对老王是怀有这种精神的，他们知道老王有夜盲症，就送了大瓶鱼肝油。他们仍是照顾老王生意，坐他的车，让他挣点钱。老王收钱常常客气，他们总是照原价付。平板三轮不敢坐了，他们还是关心老王是否能维持生活。总之，对不幸者怀有一颗爱心，才能这么关心人、爱护人。老王在生命最后的日子里，身子僵直，样子非常吓人，作者心里只有同情和悲酸。老王死了好几年了，作者每每想起来还感觉有愧于这个不幸者，总觉得在他生前，对他关爱不够。所有这些，都是社会主义人道主义精神，也正是公民道德建设所提倡的。

（7）励志树人层面。《左传·襄公二十四年》中有："太上有立德，其次有立功，其次有立言，虽久不废，此之谓不朽。"《管子·权修》中有："一年之计，莫如树谷；十年之计，莫如树木；终身之计，莫如树人。"

七年级上册第五课史铁生写的《秋天的怀念》中，一位重病缠身的母亲，体贴入微地照顾双腿瘫痪的儿子，鼓励儿子要好好儿活下去。只有伟大而无私的母爱，才有这种力量。作者用平凡的小事刻画了一位坚强、无私、伟大的母亲形象。史铁生是中国作家、散文家，北京作家协会副主席，中国残疾人联合会副主席。他双腿瘫痪，自称职业是生病，业余在写作，轮椅生涯开始之日，也是写作开始之日。2010年因突发脑出血逝世。他死后把绝大部分的器官捐献了出去，令人感动。史铁生创作的散文《我与地坛》鼓励了无数人。深圳中学生杨林在他的文章的鼓励下，走出车祸带来的阴影，以《生命的硬度》夺得了全国作文大奖。习近平、王岐山、路遥、史铁生……他们是同一批知青。韩少功曾评价史史铁生"史铁生是一个生命的奇迹，在漫长的轮椅生涯里至强至尊。他是一座文学的高峰，其想象力和思辨力一再刷新当代精神的高度。他用一种令千万人心痛的温暖，让人们在瞬息中触摸永恒，在微粒中进入广远，在艰难和痛苦中却打心眼里宽厚地微笑。"

第十二课《论语·子罕》十二章中："三军可夺帅也，匹夫不可夺志也。"孔子说这话的目的是告诉学生，一个人应该坚定信念，矢志不渝。这里的"志"是"志向"。人要立志，才能知道用功的方向。

《傅雷家书》是优秀的培养青年思想修养的读物，是素质教育的经典范本。这本书问世以来，对人们的道德、思想、情操、文化修养的启迪作用既深且远。《傅雷家书》是"充满着父爱的苦心孤诣、呕心沥血的教子篇"，也是"最好的艺术学徒修养读物"，更是既平凡又典型的近代中国知识分子的深刻写照。这些家书凝聚着傅雷对祖国、对儿子深厚的爱，是父子的真情流露，加上傅雷深厚的文字功底和艺术修养，使这些文字生动优美，读起来感人至深。读者能从中学到不少做人的道理，提高自己的修养。

（8）和谐发展层面。和谐是中国传统文化倡导的基本理念，是社会稳定，持续发展的重要保证。家庭是生命孕育和成长之所在，同时也是推动社会文明进步、传承发扬传统文化的基本单位。

《植树的牧羊人》是法国作家让·乔诺于1953年写的一篇小说。讲的是一个离群索居的牧羊人，通过近半个世纪坚持不懈的植树，把土丘变成了绿洲，证实了孤独者能够找到幸福的故事。这篇文章使我联想到在甘肃省古浪县八步沙林场拍摄的八步沙三代治沙人的故事。这不仅仅是6个人的故事，也不仅仅是6个家庭的奋斗史，更不仅仅是三代人的梦想，这分明是人类在探寻生存之路过程中对大自然的敬礼！只有荒凉的沙漠，没有荒凉的人生。子承父志，感天动地。个人敢做梦，时代能圆梦。郭万刚哥几个曾经印刷过一张名片，背后是一幅绿茵茵的生态家园图：山岳染绿，花木点点，雁阵轻翔。这正是他们不懈追求的美丽梦想。

（9）人格魅力方面。在七年级下册第一单元第一课《邓稼先》中有多处体现：

①"邓稼先则是一个最不要引人注目的人物。和他谈话几分钟，就看出他是忠厚平实的人。他真诚坦白，从不骄人。他没有小心眼儿，一生喜欢'纯'字所代表的品格。在我所认识的知识分子当中，包括中国人和外国人，他是最有中国农民的朴实气质的人。"

②"邓稼先是中国几千年传统文化所孕育出来的有最高奉献精神的儿子。"

③"稼先为人忠诚纯正，是我最敬爱的挚友。他的无私的精神与巨大的贡献是你的也是我的永恒的骄傲。"

邓稼先，用他忠厚纯正的品质，身先士卒、甘于奉献的精神铸就荡气回肠的中国魂。让我们踏着这位名人的足迹，去开拓、创造祖国美好的明天吧！

七年级下册第一单元第二课《闻一多先生的说和做》。作为学者和诗人，闻一多先生是口的巨人，是行的高标。"人家说了再做，我是做了再说""人家说了也不一定做，我是做了也不一定说"。他"说"了，跟着的是"做"。这不再是"做了再说"或"做了也不一定说"了。他"说"了就"做"，言论与行动完全一致，这是他人格的写照，而且是以生命作为代价的。

七年级下册第一单元第三课萧红的怀人散文《回忆鲁迅先生》，内容涉及鲁迅的饮食起居、待人接物、读书写作、休闲娱乐，特别是外人知之甚少的病中生活。萧红敏锐地捕捉到了鲁迅先生许多有灵性的生活细节。"施高塔路的汽车房只有一辆车，鲁迅先生一定不坐，一定让我们坐。'又'只叫到一部汽车，鲁迅先生又一定不肯坐，让周建人先生的全家坐着先走了。"表现出鲁迅的个性、情趣、魅力、气质，始终先人后己，从细微处显示了鲁迅的伟大思想和人格。

《叶圣陶先生二三事》是人教版语文七年级下册第十三课。叶圣陶先生是现代著名作家、教育家、文学出版家和社会活动家，有"优秀的语言艺术家"之称，他曾当过10年的小学语文教师。作者张中行常常跟别人说："叶老既是躬行君子，又能学而不厌，诲人不倦，所以确是人之师表。"说待人厚，是叶圣陶先生为人宽的一面。他还有严的一面，是律己，这包括正心修身和"己欲立而立人，己欲达而达人"。作者通过一些典型事例让我们看到了一个躬行君子、堪为师表的忠厚长者独具而可贵的精神风貌，即宽以待人，严以律己。叶圣陶先生做到了，我们能做到吗？通过本文的学习，学生可以在平时的学习和生活中学习叶先生的品格，宽厚做人，严格要求自己。叶圣陶膝下两子一女，在他的教育下，都成为国家的栋梁之材。

3. 根据研究内容，开展活动，拓展渗透

（1）举办家风、家训征集活动，在学生和家长之间实现良性互动，共同传承、弘扬优秀家风、家训。

第一，请各班班主任协调利用主题班会向学生宣传活动的意义，并通过飞信群、QQ群、微信群等信息平台向家长进行宣传发动。第二，班主任让学生将活动倡议书和活动实施方案带回家交给家长，并请求家长积极参与活动。第三，希望各位家长认真对待，积极参与。认真学习家风、家训的内涵，了解相关的知识，结合自身家庭特点，发扬民主作风，构建自家的家风、家训。第四，采用合适的方式，在合适的时机，由家长向家人及子女说明自家家风、家训的内容，解释家风、家训的含义，并要求家人熟记于心，认真践行。第五，全家人要熟记家风、家训，家长要以身作则，身教示范，循循善诱，反复强化，使家风、家训在家庭成员中入脑、入心，成为自觉行动。第六，充分利用寒假时间，以春节这一传统节日为契机，相互督促，认真践行，培育优良的家风、家训，收集整理学生的家风、家训并汇编成册。

（2）参与举办元旦、春节、端午节、中秋节汇演以及主题班会等活动，让学生在活动中主动去感悟、去体会。教师指导学生排演生活小品，如《我爱我家》《我与爸爸换角色》等，通过正反两方面生动而又贴近学生身边实际的事例，让参演者和观看者受到震撼，在此基础上让学生和家长有所思、有所触动，引领学生和家长共建良好家风。联系团委，号召学生参演，将过程摄像，刻录成光盘，存档。

（3）引导学生主动留心家庭的家风情况并举办家风、家训征文大赛。通过前期一系列活动的开展，让家长能率先垂范、循循善诱，力争使家风、家训深入每个家庭成员心中。同时也使学生意识到良好家风培养的重要性，积极配合家长塑造健康家风。在本次活动中重点进行征文大赛，让学生以"我家的家风、家训"为主题写一篇文章，题材不限，字数不限，题目自拟。本次活动的作品设特等奖，一、二等奖，优秀奖，并颁发获奖证书。

（4）进行家风反馈问卷调查，引领学生的行为习惯朝良性、健康方向发展。针对前期的问卷调查情况、学生在实践中的反思践行情况，我又对我校部分学生和学生家长进行了家风问卷反馈调查。本次问卷共设计了20个问题，旨在对课题前期的教育效果进行再次调查。通过对本次问卷反馈的图表、数据资料的观察，可以看出，学生对家风的认知度、关注度、践行度都有较大提高，说明良好家风的积极意义正潜移默化地渗透在学生的思想理念中。前期家风问卷调查显示学生对家风知识不清，家庭教育中更多的是放羊式教育，很少有家长从小注重孩子的养成教育。而伴随着课题的研究、师生的共同参与、各种教育资源的充分运用，此次反馈问卷反映了学生对好家风的重视程度明显增强，学生总体行为习惯正在朝良性、健康的方向发展。

（5）在《兰州市中考语文试卷（模拟）》教学实践中进行"家风"渗透教育的效果检测。本人精心准备了一系列测试题目对家风、家训渗透教育的效果进行检测，这些题目融入了关于对家风、家训的不同认知及其积极意义。学生的即时应答真实展现了他们的观念、行为倾向，为我们有针对性地找到解决对策提供参考依据。借助文化继承与发展的相关知识引导学生实现传统家风的创造性转化，进而影响他们家庭氛围的营造。

（6）注意结合问卷调查和课堂教学反馈，互相补充，思考研究，继续进行后续探索。

五、课题研究取得的成果

（1）通过课题的实践研究，培养了学生对家教、家风、家训的认识能力，激发了学生对家教、家风教育文化的研究兴趣，学生能有个性地朗读优秀的家训等传统经典文章或诗词，背诵一定量的家训、家教、家风经典诗文，积淀一定的人文底蕴。

使传统经典文化与语文课堂教学相融合，促进学生人文素养的提高。充分运用语文教材的四大功能：发展功能、教育功能、示范功能、凭借功能。深入挖掘语文教材中有关家风、家教、家训的文章内涵，通过语文教学等活动，对学生的政治品质、思想品质、道德品质以及情感、意志、性格等个性心理品质的发展起到熏陶渐染、潜移默化的作用。

（2）研究培养学生对中华传统经典文化的兴趣。深入挖掘、认真汲取中华优秀传统文化的思想精华和道德精髓，使中学生从课本中学习、传承优秀文化，在为人处世、生活态度、做人做事等方面遵循公俗良序，彰显家风、家教，形成良好的世界观、人生观、价值观。

（3）充分发挥优秀传统文化的影响作用，使之成为涵养社会主义核心价值观的重要源泉。结合时代要求继承创新，让中华文化展现出永久魅力和时代风采。

（4）研究、诵读中华传统经典，能提高学生的人文情怀，推动校园文化建设，促进和谐社会的发展建设。

（5）在综合实践活动中进行对中华传统经典文化教学方法的研究，通过实践，探索一定的中华传统文化的教学方法，总结行之有效的中华传统经典教学策略，做到入口、入行、入心。将传统经典文化中家训、家教、家风和语文课堂教学相融合，拓宽语文学习的内容、形式与渠道，使学生在更广阔的空间里学语文、用语文，丰富知识，提高能力，为学生语文素养和人文素养的提高奠定基础。

（6）引导和组织学生进行有关本家族的家风、家教、家训的资料积累，在实践中提高学生兴趣，体验到辛苦与快乐，培养敬业学习精神，提高自身的业务水平和品德修养。

具体成果如下：

（一）学生成长方面

经过一年多的教育教学实践（如课堂教学、家访、主题班会、小品表演、家风征文、黑板报、家风家训征集、节日汇演等），良好家风对学生的影响取得了较明显的成效。学生在家庭中懂得尊老爱幼、勤俭节约、和睦同心、诚实守信等；在学习中有进取心，能团结同学、尊敬老师、遵守纪律等。通过各种实践活动的开展，学生也认识到了优良家风的重要性，并有意识地在各自的家庭中与家庭成员一起为共建良好家风而努力。书面成果如下：

1. 结集《学生家风、家训优秀作文集》一本。

2. 整理《语文课本中的家风、家教、家训笔记录》一册。

（二）教师成长方面

该课题研究提高了教师的理论水平和教学实际操作水平，促进了教师的专业成长，为以后课题更深一步的研究打下了坚实的基础；同时也促进了我校教师在新课改实施过程中的专业成长、观念更新，并初步探索出一条有效的教学途径和方法。我们语文教研组因此还获得了"校级优秀教研组"的光荣称号。具体成果如下

1. 发表相关课题论文。

在活动中通过理论和实践的再学习，撰写论文，在不同杂志上发表。

2. 编纂《教学设计》一本。

3. 我所取得的教学实绩。在课堂教学研究及班级管理活动开展期间，取得佳绩，获得"兰州市市级优秀班主任"光荣称号，被评为甘肃省省级骨干教师、兰州市初中语文学科带头人等；得到学生和家长的高度认可，得到相关领导和同人们的欣赏；论文多篇获奖。

六、研究成果的推广

在课题研究期间，临近学校教师都曾来我校就中学生的家风问题进行了

探讨和交流。我开设的所有家风研究实践课例对全校教师开放。其中一些有效的家风渗透教学对其他学校也产生了积极影响，部分社区也将其作为他们的文化交流活动而使其产生新的活力。上海真爱梦想基金会邀请我去白银市参加梦想课评定工作，并做了主题演讲，这对良好家风、家教的教育培养产生了一定的辐射作用。

七、课题研究的反思及今后的设想

1. 课题研究反思

本课题研究虽然取得了一定的成果，但是在课题具体的研究和实施过程中也存在一些问题。

（1）问卷调查的面还不够广，影响了研究面的扩展。在调查过程中，由于各种条件的制约，我们只对本校学生和临近社区开展了问卷调查活动，同时结合了自己的观察和分析。但是所选取的样本空间还不够大，调查的面还不够广，因此，所反映问题的代表性还不是非常理想。

（2）教学任务与课题研究在时间上出现矛盾。本人在校教学任务重，与大家交流总是难以找到时间。大家忙于教学，用于课题研究的时间难以得到保证。

（3）教师的科研能力不足，缺少专业理论培训和实践指导。由于受自身理论修养的限制，所站的高度不够，加上家风课题在国内理论不够成熟，课题选取的研究对象的实践案例较少，所以可借鉴的经验较少，因此，研究工作在很大程度上是凭经验，是草根式研究，这使研究带有一定的盲目性和片面性。

2. 今后的设想

（1）加强学习。通过这次课题研究，我深感自己的研究水平还达不到一定的标准，需要加大理论学习力度，提升自身的理论素养。

（2）不断探索，致力推广。对于家风、家训对学生健康成长的影响问题的探讨，我将持续关注。随着社会的发展进步，新的时代精神会不断注入，在课题结题之后我仍将继续相关理论的研究，以进一步拓展课题的理论和实践意义。

总之，通过这一年多的课题实践研究和部分应用，充分证明了本课题的研究有重要的理论意义和实践价值，也是科学有效的。今后还需要我不断地去补充和进一步完善。

附：

1. 主要参考课本教学篇目（人教版）

篇号	教学设计篇目
1	七年级上《散步》
2	七年级上《世说新语》
3	七年级上《论语十二章》
4	七年级上《诫子书》
5	八年级上《回忆我的母亲》
6	九年级上《乡愁》
7	九年级上《论教养》
8	九年级上《精神的三间小屋》
9	九年级下《谈读书》

2. 主要参考的写作及综合实践学习

篇号	家风研究实践课例
1	七年级上《有朋自远方来》
2	七年级上《少年正是读书时》
3	七年级下《写出人物的精神》
4	七年级下《天下国家》
5	七年级下《孝亲敬老，从我做起》
6	八年级下《人无信不立》
7	八年级下《身边的文化遗产》
8	八年级下《以和为贵》
9	九年级上《君子自强不息》

参考文献

［1］钟启泉.差生心理与教育［M］.上海：上海教育出版社，1994.

［2］钱在森.学习困难学生教育的理论与实践［M］.上海：上海科技教育出版社，1995.

［3］教育部基础教育司.全日制义务教育英语课程标准解读［M］.北京：北京师范大学出版社，2002.

［4］荷克些.差异教学：帮助每个学生获得成功［M］.杨希洁，译，北京：中国轻工业出版社，2004.

［5］教育部基础教育司.走进新课程：与课程实施者对话［M］.北京：北京师范大学出版社，2002.

［6］郭跃进.初中英语新课程教学法［M］.长春：东北师范大学出版社，2004.

［7］文秋芳.英语学习成功者与不成功者在方法上的差异［J］.外语教学与研究，1995（3）：61-66.

［8］刘峰束.初中语文教育中的德育问题再思考［J］.魅力中国，2019（37）：193-194.

［9］郭洪义.探讨初中语文教学中德育教育开展的策略［J］.科学咨询，2019（36）：162-163.

［10］陈德银.对初中语文教学中的德育教育渗透策略探讨［J］.人文之友，2019（20）：270.

［11］祝蓓琳.新课改下初中语文教学中的德育教育［J］.软件（教育现代化）（电子版），2019（8）：46.

［12］郑运佳.传统家风的内涵与现代意义［J］.山东农业工程学院学报，2004，31（5）：107-108.

[13] 周春辉. 论家风的文化传承与历史嬗变［J］. 中州学刊, 2014（8）: 144-146.

[14] 陈桐生. 国语［M］. 北京: 中华书局, 2013.

[15] 孔丘. 论语［M］. 南昌: 江西人民出版社, 2016.

[16] 颜之推. 颜氏家训［M］. 郑州: 中州古籍出版社, 2017.

[17] 曾国藩. 曾国藩家书［M］. 南昌: 江西人民出版社, 2016.

[18] 刘青文. 三字经［M］. 北京: 北京教育出版社, 2015.

[19] 傅雷, 朱梅馥, 傅聪. 傅雷家书［M］. 北京: 译林出版社, 2018.

[20] 卢梭. 爱弥儿［M］. 北京: 中国轻工业出版社, 2016.